De la guerre moderne

De la guerre moderne

James A. Lionson

James Lionson

Novembre 2018

Octobre 2018

De la guerre moderne

8

James Lionson

De la guerre moderne

Les stratégies classiques revues à l'échelle de la situation actuelle

Le monde moderne, et en particulier l'Occident, est conditionné par un certain nombre d'éléments qui, même s'ils ne sont pas nouveaux, la guerre de la communication, la désinformation, la corruption d'une partie de la presse et de certains hommes politiques et les fakes news, ont pris une importance majeure par le biais de la télévision, des réseaux sociaux et d'internet.

En 200 ans, de la fin des guerres napoléoniennes[1] à nos jours, nous sommes passés de guerres où le théâtre des opérations est un champ de bataille au XIXe siècle à une guerre globale, la Seconde Guerre mondiale, puis à l'équilibre de la terreur —nucléaire-, dont la « dissuasion du faible au fort », qui « gèleront » la guerre froide et la déplacera vers des conflits locaux entre les alliés et clients des deux grandes puissances que sont les USA et l'Union Soviétique, puis à la riposte

---

[1] Ces guerres serviront de modèles à la théorie de la guerre de Carl Von Clausewitz.

graduée, par exemple, des États-Unis contre le Viêtnam et d'Israël au Proche-Orient.

La fin du XXe siècle et le début du XXIe voient l'apparition d'un nouveau type de conflit, celui du « très faible »[2] contre des démocraties pacifistes et passives, l'Occident de manière générale. Le terrorisme, qui reprend d'anciennes méthodes qui existent depuis l'aube des siècles, le terrorisme avec son cortège d'attentats suicides va se focaliser contre des institutions établies[3] et, en particulier, l'intégrisme islamique va se coaguler en guerres de religion. L'Union Soviétique a disparu et les anciens ennemis, la Russie et les Occidentaux, coopèrent dans certains lieux, tout en s'affrontent en même temps, sur d'autres ; leurs alliés, souvent des dictatures, la Syrie, l'Iran, la Turquie, l'Irak,

---

[2] L'attentat du World Trade Center, le 11 septembre 2013 par Al Qaïda avait, entre autres, comme caractéristique de ne pas avoir pu être anticipé car il passait en quelque sorte en dessous des seuils technologiques.

[3] Le terrorisme frappe l'Occident, mais aussi la Russie et même la Chine. Ces deux derniers ont toutefois réagi avec une extrême violence contre les responsables des attentats à leurs encontres ce qui a eu un effet dissuasif certains.

etc. , qui, quelques fois, étaient sur la voie d'une laïcisation avancée, tels que la Turquie et le Pakistan dans une certaine mesure, font mentir l'adage « les amis de nos ennemis sont nos ennemis, les ennemis de nos ennemis sont nos amis, les amis de nos amis sont nos amis, les ennemis de nos amis sont nos ennemis » ; dans le conflit contre Daech le graphique des liaisons, que nous étudierons plus loin, entre les différents partenaires alliés ou adversaires montre un réseau de liaisons enchevêtrées et incohérentes.

De plus, même si cela n'est pas nouveau, le « faible » a érigé la terreur en méthode de guerre et, n'ayant aucun respect pour son propre peuple, n'hésite pas à s'en servir comme bouclier humain ; des écoles et des hôpitaux sont utilisés pour protéger des dépôts d'armes et servir de locaux de repli pour ses chefs et ses dirigeants, tout en exploitant les images, vraies ou fausses, montrant d'innocentes victimes décimées par les actions occidentales, sachant que les bonnes âmes, souvent des 'idiots utiles', seront bouleversées et formeront la base d'une cinquième colonne défaitiste.

À cela se conjuguent la sentimentalité et la culpabilité post coloniale/impérialiste de nos sociétés qui ont cru après la chute du communisme soviétique "à la fin de l'Histoire", selon l'universitaire Francis Fukuyama et se réfèrent aux sages chinois du VIe et Ve siècle av. J.-C. ; Lao Tseu[4] selon qui « le but ultime de la guerre est d'aboutir à la paix » et Sun Zu[5] pour qui « l'art de la guerre, c'est de soumettre l'ennemi sans combat », alors qu'à l'époque des guerres révolutionnaires, selon Mao Zedong : « Le principe fondamental de la guerre est de conserver ses forces et anéantir celles de l'ennemi ».

L'empathie en faveur des perdants, des faibles, l'insoutenabilité de la souffrance des enfants, des pertes civiles, ont entraîné un aveuglement, une position de retrait et le pacifisme des occidentaux qui, à quelques exceptions près, nient la doctrine de Samuel P. Huntington sur "le Choc des Civilisations", et

---

[4] Lao Tseu, considéré comme le fondateur du taoïsme.

[5] Sun Zu, originaire de l'État de Qi, l'actuel Shandong, aurait rédigé son traité pour le roi Helü de l'État de Wu, l'actuel Zhejiang, vers 512 avant notre ère.

obscurcit leurs facultés de raisonner et leur volonté de se défendre.

Les batailles des guerres modernes se mènent souvent à distances (« remote, de manière télécommandée ») sans participation effective des acteurs sur le terrain.

Les acteurs télécommandés, des robots, sur le théâtre des opérations, les forces terrestres blindées, maritimes[6] et aériennes, les missiles de croisière, les avions furtifs et les drones sont couramment employés. La haute technicité des combattants, opérateurs des matériels sur le terrain, les systèmes de protection contre les missiles, longues, moyennes et courtes portées, la cybernétique, la réalité augmentée, l'intelligence artificielle découplent l'opérateur du champ de bataille et le mettent quasiment hors d'atteinte des forces ennemies ; cela leur permet une sérénité beaucoup plus grande ou tout au moins modifient l'échelle des risques pour les

---

[6] Y compris les forces sous-marines nucléaires stratégiques ou tactiques, dotée d'une grande autonomie et difficiles à détecter.

combattants et entraîne une efficacité supérieure.

En contrepartie, comme nous l'avons déjà vu, les civils et surtout les enfants sont utilisés comme boucliers humains par des dirigeants, généralement des dictateurs, qui n'ont aucun respect pour la vie de leur peuple et qui placent leurs quartiers généraux dans des écoles et des hôpitaux. Ils ne se battent pas pour offrir un meilleur avenir à leurs enfants, mais en font des martyrs pour obtenir la compassion des occidentaux.

Tout cela conduit à faire les civils à devenir les premières victimes et les plus nombreuses avec des résultats utilisés au plan de la communication pour transformer les défaites en victoires : dommages collatéraux catastrophiques et sacrifices forcés des terroristes souvent eux-mêmes des civils.

Les dictateurs se moquent de la mort de leurs sujets, la seule chose qu'ils n'aiment pas c'est devenir eux-mêmes des cibles et être éliminés.

Nous sommes passés de l'équilibre de la terreur nucléaire et de la riposte graduée à la dissuasion du très faible au fort grâce à des moyens de destruction à faibles coûts, difficiles sinon impossibles à détecter : drones, ballons incendiaires et terrorisme aveugle, attentats suicides avec explosifs de fortes intensités, terrorisme au couteau, ciseaux et cutters. Ces menaces et attentats ont fait basculer la peur du côté des démocraties occidentales. Il nous faudra faire changer le côté la peur. Le terrorisme n'a pas pour objectif d'anéantir les forces de l'ennemi, mais sa volonté de faire des sacrifices et des efforts pour défendre son mode de vie et sa civilisation.

L'immigration, qui, au XIXe et début du XXe siècle ne remettait pas en cause la civilisation et la culture des pays d'accueil : les parents avaient pour objectif que leurs enfants s'intègrent, obtiennent leurs certificats d'études, le brevet d'études et objectif suprême le baccalauréat, et surtout vivent mieux qu'eux, ne sont plus les mêmes ; les réfugiés musulmans souhaitent que leur mode de vie d'origine se perpétue dans leur nouvel environnement et soit même adopté dans leur pays d'accueil, leurs enfants doivent reproduire et assurer la pérennité de leurs traditions.

L'Islam a développé les notions de « l'Oumma », le territoire des musulmans, le « Dar al Islam », la plus grande étendue historique de la conquête islamique, le « Dar al-Salam », territoire de la paix, c'est-à-dire le territoire islamique actuel, le « Dar al-Kufr », c'est-à-dire le territoire de l'impiété et le « Dar al-Harb », le territoire de la guerre.

C'est par l'immigration massive de réfugiés très souvent musulmans que la société européenne est en train d'être phagocyté. Cette nouvelle culture, lorsqu'elle est d'origine musulmane, reste attachée à la philosophie et aux objectifs des fondateurs de l'Islam.

Les islamistes prônent tout d'abord, Jihad dit « défensif », on se méprend sur le terme défensif qui consiste en la reconquête du Dar al-Salam, puis le Djihad offensif, dilater l'Oumma, la destruction totale de l'infidèle à l'intérieur du « territoire de la guerre » où se trouvent ceux qui refusent de se soumettre au pouvoir musulman.

L'arrivée des nouveaux réfugiés, qui confond les réfugiés politiques et économiques, le communautarisme crée des réservoirs de terroristes en Europe, en Occident. Leur quasi-liberté de circulation dans l'espace de Schengen permet à de nouveaux terroristes de s'introduire en Europe et de renforcer leurs réseaux. Mais, en final, le terrorisme, à lui seul, ne suffira pas à conquérir l'Occident, il permettra à l'immigration de conserver ses traditions et d'atteindre les objectifs du « Dar al-Harb ».

Les réactions des Américains, Européens, Communauté européenne et Europe de l'Est et des Russes sont variables, mais à une exception près, la Russe, restent modérées quand elles ne sont pas simplement molles. Les réactions chinoises, coréennes du Nord, pakistanaises, iraniennes et leur complicité dans un jeu de billard à plusieurs bandes, celles des pays qui fournissent des supplétifs, Syrie, Liban, Irak, Turquie, Qatar et qui offrent des armes, des financements, des soutiens logistiques, des sanctuaires sont ambiguës.

La composante économique, le B. D. S. (Boycott Désinvestissement Sanctions), uniquement orienté contre Israël, à l'inverse les sanctions économiques, blocus, blocage des avoirs bancaires ont des résultats mitigés selon l'initiateur et le respect plus ou moins avéré des sanctions par leurs alliés.

La politique de l'autruche de certains de nos dirigeants politiques, leaders d'opinion, d'une certaine presse orientée [7] sont des encouragements flagrants au terrorisme et à l'antisémitisme, à peine dissimulé sous le masque de l'antisionisme.

Une nouvelle caractéristique des conflits modernes à faible intensité est le fait qu'ils paraissent pouvoir durer une éternité, car rien ne peut faire plier les dictateurs de certaines entités et les dirigeants de certains groupes terroristes sont peu soucieux du bien-être de leurs administrés, ce ne sont pas eux qui

---

[7] Un membre, niveau Général de Brigade en retraite, d'une commission de la Défense, à laquelle je participais il y a quelques années, me déclara, le plus sérieusement du monde, que : « lorsque l'on voyait ce que les Israéliens faisaient subir aux enfants palestiniens à Gaza, on ne pouvait pas s'étonner que nos petits jeunes de banlieue deviennent des terroristes ». À la télévision *France 2* n'hésite pas à jeter de l'huile sur le feu et présenter des émissions déséquilibrées à charge contre Israël, malgré les protestations, dont celle de l'Ambassade d'Israël (« Gaza, une jeunesse blessée » le 11/10/2018).

souffrent des représailles des occidentaux qu'elles soient militaires ou économiques, au contraire elles les placent en situation de victimes, voir martyrs, et leur permettent de susciter l'intérêt de certaines puissances dans le cadre de leur géostratégie à plusieurs bandes et des O.N.G. Qui s'intéresserait à un État Palestinien dans un contexte de paix ? Sans richesses naturelles, ni Économie solide, ni technologie, qui investirait, leur verserait des aides, qui même inviterait leur Chef d'État ? Alors qu'en prenant la position de Martyrs, ils reçoivent de nombreuses subventions d'États amis ou compatissants, musulmans ou pas, qui permettent à leurs gouvernements de disposer, pour leur propre usage, d'une masse financière non-négligeable et d'en dispenser une partie selon leurs propres critères, pour un usage normal ou inadmissible lorsque ces sommes servent d'encouragement pour des actes criminels[8].

L'absence de vision d'une possible issue pour de tels conflits finit par faire admettre qu'ils sont s'inscrivent dans une durée longue, que

---

[8] Par exemple, le salaire versé aux familles des terroristes palstiniens, arrêtés ou tués au cours de leurs attentats.

la recherche d'une entente entre belligérants n'est plus envisageable, qu'une paix selon Lao Tseu est introuvable, et que, tant que « l'on » veillera, au travers des institutions internationales, par le jeu des alliances et des rapports de force, à ce que l'un des participants ou d'une coalition, ne puisse éradiquer totalement et durablement l'autre[9], et que cet état de fait soit connu, la situation de conflit actuelle, bien qu'instable, pourra être contenue dans des limites vivables par chacun des partenaires. Après tout, à l'échelle de l'humanité, la terre a toujours connu la

---

[9] Il est peu vraisemblable que le terrorisme ou même une coalition d'états musulmans puisse éradiquer Israël, sans l'usage intensif d'armes de destructions massives et devant cette menace, si elle se précisait, au-delà de certaines lignes rouges, ce dernier se sentirait autorisé à employer des frappes préventives massives qui détruiraient en grandes parties les forces ennemies et ravageraient leurs territoires, faisant plusieurs centaines de milliers, sinon millions, de victimes civiles ou non. On est ramené à l'équilibre de la dissuasion chère au XXe siècle, car même si certains états extrémistes musulmans ne font pas toujours preuve de la rationalité des Russes, des Chinois et des Occidentaux, la connaissance de la réalité ne peut échapper à leurs dirigeants qui ne veulent pas mourir sous les bombes.

guerre et l'instabilité, seuls les plus faibles en souffrent.

« La guerre est une simple continuation de la politique par d'autres moyens, disait Carl von Clausewitz, et le dessein politique est la fin, la guerre est le moyen, et jamais le moyen ne peut être conçu sans la fin ».

Nous connaissons « la fin » au sens de Clausewitz que les Israéliens souhaitent, elle a été plusieurs fois réaffirmée « vivre en paix dans des frontières sures et reconnus dans un état juif », elle est en directe opposition avec celle que des Palestiniens et certains de leurs alliés, le Hesbollah, l'État Islamique Iranien et la Hamas, qui affichent ouvertement leurs objectifs, d'éradication d'Israël.

Ces deux objectifs politiques sont donc irrémédiablement incompatibles.

Si les musulmans ne peuvent espérer que les Israéliens décident d'un suicide collectif alors la fin du conflit passe par un changement drastique des objectifs de leurs ennemis, qui ne parait envisageable que par la destruction de leurs instances dirigeantes dans la foulée de la guerre ou par suite à des révolutions populaires spontanées conséquences de la misère et des pertes dues aux privations, dues à des blocus et à la guerre, ou fomentées par Israël lui-même et/ou ses alliés.

Toute initiative des Européens qui n'intègre pas ces données est dans le déni de la vérité et tout angélisme en la matière ne sert qu'à affaiblir la position d'Israël et en conséquence des Occidentaux.

Prêcher la modération, les ripostes proportionnées, comme le font les nations européennes, n'est qu'une hypocrisie et une lâcheté.

Distribuer les bons et mauvais points à l'ONU, apporter aux Palestiniens une aide humanitaire qui est immédiatement détournées, au travers de l'UNWRA [10] sont contre performant et ne peuvent que retarder un début de négociations sérieux.

L'analyse des possibilités de paix, doit intégrer les demandes d'Israël indiquées ci-dessus et l'abandon de la demande des Arabes du retour des réfugiés palestiniens dans les territoires

---

[10] L'Office de secours et de travaux des Nations unies pour les réfugiés de Palestine dans le Proche-Orient.

sous contrôle israélien[11]. Sinon, comme nous l'avons déjà écrit le conflit persistera et comme nous l'avons aussi déjà écrit, pour Israël, la première étape passe par la destruction ciblée des leaders militaires et/ou civils des mouvements terroristes ennemis quelles que soient leurs organisations.

L'élimination ciblée nécessite un certain nombre de préalables :

---

[11] En dépit de ce qu'affirme le Dr. Guy Bekhor, un spécialiste du Moyen-Orient qui livre ses analyses www.Gplanet.co.il, qui fait preuve de beaucoup d'optimisme sur la possibilité d'une solution au problème palestinien. Celle-ci consisterait en une fédération des zones A de Judée-Samarie avec la Jordanie dont les habitants arabes de Judée-Samarie avaient été citoyens jordaniens jusqu'au 31 juillet 1988. Quant aux zones C, elles resteraient israéliennes et les zones B seraient à responsabilité partagée. Le hic s'est que, même si cette solution, qui n'est pas stupide, pourrait éventuellement avoir le soutien (non confirmé) du Président Trump selon Mahmoud Abbas, ni les Jordaniens, ni les Palestiniens et ni même une majorité d'Israéliens en veulent. *« On ne fait pas boire un âne qui n'a pas soif »*.

La connaissance, la désignation et la localisation de la cible, qui est généralement obtenue par piratage des réseaux de télécommunications, infiltration ou trahison de proches.

La tromperie, faire croire à la cible qu'elle n'est pas visée dans l'immédiat, mais qu'un autre objectif est dans la ligne de mire.

La furtivité et la foudroyance, car la cible est volatile et disparaît à la moindre alerte. Il se peut qu'il faille attendre des mois avant qu'elle réapparaisse et qu'une nouvelle opération puisse être montée.

Ces éléments nécessitent une structure permanente de recherche de l'information, d'analyse et de désinformation, qui sont l'apanage des services secrets, avec les possibilités d'action qui doivent être disponibles à tous moments dans des délais ultra-courts ou même instantanés[12].

Deux types principaux sont possibles :
Le bombardement puissant et massif ; rien de pire que des demi-mesures, où par exemple des bunkers ou caves ne sont pas détruites,

---

[12] Ces notions seront reprises plus loin dans la lutte contre le terrorisme.

permettant aux cibles d'en réchapper tout en faisant de nombreuses victimes « innocentes ». Il faut donc que le tir soit gagnant, que le niveau de responsabilité de la cible justifie les dégâts collatéraux et surtout que l'opérateur ait prévu une communication adéquate pour contrer la vague de critiques et de condamnations qui suivront les opérations qui seront traitées de « ripostes disproportionnées ». Il faudra qu'il ait préparé les arguments pour démolir les « fake news » qui seront propagées et les fausses images et vidéos qui seront diffusées sur les réseaux.

Les actions de commandos, plus ponctuelles et ciblées, elles nécessitent des agents hyper spécialisés et entraînés (les Services Actions des services de renseignements), totalement informés, dotés d'une logistique étoffée[13], de moyens d'évacuation solides, de flexibilité pour être réorientées en cas de nécessité (plan B). Elles feront sans aucun doute moins de dommages collatéraux que des bombardements massifs, la communication qui en sera faite en sera facilité, d'autant plus que l'opération réussie bénéficiera d'une

---

[13] Hélicoptères d'attaques et de transports de troupes.

certaine auréole de gloire, mais risque aussi de subir des pertes en personnel des commandos. Dans les deux cas, les opérations devront être précédées d'opérations de diversions et de désinformations.

Toutes ces actions, informations, télécommandes nécessitent une maîtrise de l'espace, des réseaux de satellites de télécommunications et des relais de télécommandes.

Retour sur les stratégies modernes couramment utilisées

Nous recensons :

La dissuasion nucléaire, la dissuasion du fort au faible et du faible au fort, la destruction totale mutuellement assurée.

L'attaque préventive, la riposte graduée, la riposte disproportionnée classique ou utilisant des armes de destructions massives, le terrorisme, les prises d'otage, l'occupation et l'annexion de territoires, les destructions ciblées et l'élimination ciblée de leaders, les massacres de populations civiles et les réfugiés qui en sont une des conséquences.

Les écoutes et l'espionnage des télécommunications à l'échelon mondial – « les Grandes Oreilles » [14] ou les satellites espions.

Les blocus économiques et militaires.

---

[14] En France, par exemple, le réseau de grandes antennes, installées dans l'Est de la France à Mutzig, Bas-Rhin, permet de capter toutes conversations hertziennes, analogique ou digitale (téléphones mobiles) dans un rayon de 4500 km jusqu'à Mourmansk en Russie et Europe du Sud-Est.

Les principaux théâtres des opérations actuels, ou du moins ceux dont on parle fréquemment, se trouvent :

- En Europe, l'Ukraine ;
- En Afrique, le Mali et le Tchad ;
- Au Proche et Moyen-Orient, dans une certaine mesure le Sinaï, la Turquie, mais surtout la Syrie, l'Irak, l'Iran, le Yémen, le Liban et le Hesbollah, Daech, Gaza, la Cisjordanie, l'Afghanistan ;
- En Asie du Sud-est, le Cachemire, le Myanmar, ex Birmanie, avec les Rohingyas et la Corée du Nord ;
- En Amérique du Sud au Venezuela.

Il faut noter qu'à l'exception de l'Ukraine, de l'Amérique du Sud et la Corée du Nord, l'ensemble des conflits implique des zones dont l'Islam est la religion majoritaire sinon exclusive, soit, au travers de la lutte de groupements, ou États, intégristes contre l'Occident, soit entre Chiites et Sunnites.

De l'avenir florissant des dictatures

À notre époque, sans chercher à être exhaustif, les principales dictatures sévissent :

- En Corée du Nord *Kim Jung-un*, Dictateur héréditaire ;
- En Turquie, *Recep Tayyip Erdoğan*, dictature islamiste après des décennies de laïcité ;
- En Syrie, *Bachar el-Assad*, Dictateur héréditaire ;
- En Irak, premier ministre: *Haïder al-Abadi*, Président: *Fouad Massoum*, quasi dictature dans un contexte de guerre civile permanent ;
- En Iran, Président *Hassan Rouhani*, mais le pouvoir est détenu par le guide suprême *Ali Khamenei*, dictature en dépit de parodie démocratique : le président de la République est élu dans une élection nationale au suffrage universel. Tout citoyen iranien ayant plus de 15 ans peut voter. La sélection des candidats pour l'élection est limitée aux candidats approuvés par le conseil des Gardiens. Les 12 membres de ce conseil sont nommés

directement ou indirectement par le Guide suprême et sont destinés à préserver les valeurs du gouvernement islamique théocratique d'Iran.

- Au Yémen, état coupé en deux, en guerre civile depuis mars 2015, l'Arabie Saoudite sunnite a pris la tête d'une coalition militaire pour affronter la rébellion houthi qui a pris le contrôle d'une partie du Yémen, l'Iran chiite est accusé de soutenir militairement le soulèvement. La menace djihadiste s'y est développée, par la concurrence d'Al-Qaïda dans la péninsule arabique (Aqpa) avec Daech.

- Daech, Califat islamique intégriste, dirigé par Abou Bakr al-Baghdadi dictateur sunnite appliquant la Charia, a occupé dans les années 2014, 2015, une partie de la Syrie et de l'Irak, mais a été territorialement presque totalement éradiqué par une coalition hétéroclite de la Turquie, l'Iran, la Syrie, surtout grâce à l'action militaire de la Russie, avec en arrière-plan les États-Unis et l'Europe, l'État Islamique autre nom qui lui est donné, reste un

foyer et une source majeure de terrorisme ;
- Gaza, dictature sunnite du Hamas, qui subit un blocus Israélo-Égyptien, reste en conflit permanent avec Israël.

Au Liban, état multiethnique constitutionnel, Chrétiens, Sunnites et Chiites, mais où le Hezbollah, parti chiite de plus en plus dominant prône la Charia et semble être définitivement évoluer vers une dictature islamiste ;

la Cisjordanie est théoriquement dotée d'un parlement élu pour la dernière fois en 2006 ; en dépit de la victoire du Hamas, l'assemblée est dominée par le Fatah, le Président de l'Autorité Palestinienne est Mahmoud Abbas, élu pour quatre ans, il règne sans partage depuis 11ans ; l'assemblée aurait dû depuis être renouvelée plusieurs fois, mais la peur de perdre à nouveau ces élections au profit du Hamas, a, chaque fois, entraîné le report des élections par le Chef de l'Autorité palestinienne, qui a conservé le pouvoir sans base légale. Les seules consultations qui aient eu lieu récemment sont les élections municipales de 2017.

Il faut noter que les dictatures ne disparaissent pas spontanément, même en cas de décès ou de renversement du dictateur en place[15]celui-ci est généralement remplacé par un nouveau dictateur ; si une alternative populaire et charismatique n'existe pas, si la pression populaire ne peut être mobilisée, les tentatives de révolution contre le pouvoir en place ou les celles de changement de régime venues de l'étranger sont vouées à l'échec, en particuliers suite aux guerres menées par des coalitions occidentales.

Par le passé, par exemple en Syrie et en Irak, les coups d'États militaires ne faisaient que remplacer un dictateur par un autre général exerçant le pouvoir de manière tout aussi autoritaire et plus récemment les Printemps arabes après avoir suscité de grands espoirs, surtout chez les Occidentaux qui n'étaient concernés que de loin, ont été résorbés par des contre-révolutions qui n'ont pas installé des régimes démocratiques, mais tout au plus des simulacres de parlementarismes. Nous

---

[15] À l'exception de l'Espagne et du Portugal, à la mort de Franco et de Salazar, où respectivement le Roi et l'armée avait courageusement opté pour la démocratie et l'intégration européenne.

pouvons nous poser la question en ce qui concerne la chute de l'Union Soviétique, mais la Russie d'aujourd'hui reste un modèle douteux en matière de démocratie, l'opposition à Vladimir Poutine est muselé, et le pays a largement renoué avec sa politique impérialiste d'antan ; seule sa faiblesse économique relative et le désir populaire des Russes de vivre selon les modèles occidentaux réfrène les menaces qu'ils font peser sur l'Europe, mais au Proche-Orient, nous constatons qu'ils recherchent à prendre pied et montrer qu'ils ne peuvent être ignorés dans les conflits actuels.

L'Islam, est-il propice aux dictatures ?

Selon le sociologue Emmanuel Todd[16],

« Le monde musulman, du Maroc au Pakistan, de l'Arabie à l'Afghanistan paraît essentiellement (à l'exception notable du Kazakhstan, exogame) être de type communautaire (défini comme autoritaire x égalitaire) et endogame. Le Coran admet le

---

[16] Todd Emmanuel, *La troisième planète,* Éditions du Seuil, Paris, janvier 1983, pp. 252.

mariage entre cousins germains qui permet à la famille communautaire de se refermer sur elle-même. La femme musulmane est protégée physiquement (ce qui n'implique pas l'égalité), mais niée socialement (elle est mise à l'écart de la société et la destruction de son autorité devient un frein du développement de l'éducation.) »

Le sociologue voyait aussi, dans l'élévation de l'âge du mariage, pour des raisons économiques, une cause du renforcement de l'intégrisme islamique.

Emmanuel Todd s'était servi aussi de cette segmentation pour analyser la pénétration du communisme dans le monde et y voyait une différence fondamentale entre l'Islam et les sociétés judéo - chrétiennes exogames, plus significative que la religion.

Il prévoyait une dérive mafieuse de ce type de société quand les contraintes intérieures ou externes du communisme disparaîtraient.

Les sociétés tribales, islamistes, cléricales extrêmes sont des formes plus ou moins endémiques de sociétés mafieuses.

L'auteur n'analyse cependant pas en profondeur les différences qui pourraient exister entre Sunnites, où la pyramide hiérarchique est réduite et se limite au chef de tribu, chef de clan puis directement au Calife, alors que chez les Chiites des échelons intermédiaires, constitués par un clergé, existent entre les chefs de tribu et l'Imam chef suprême religieux et politique. Mais ces contraintes sociologiques font de l'Islam un terreau fertile aux dictatures.

Une brève histoire du terrorisme[17]

Un vieux proverbe chinois datant de bien longtemps avant le communisme dit : "Quand le sage montre la lune, l'imbécile regarde le doigt".

Le terrorisme est **un acte de guerre**, donc politique et concerne la défense et non un simple problème de sécurité civile même si les forces intérieures de police et juridiques font partie du puzzle à mettre en place pour y résister. Les ministères de la Défense, de l'Intérieur, des Affaires Étrangères et de la Justice sont concernés avec sur la ligne de front les forces armées, la DGSE, la DST et les Renseignements généraux, les forces de gendarmerie et de police spécialisées (GIGN), les juges en charge des questions de terrorismes. Les politiciens, journalistes, puissants amplificateurs de l'impact des actes en question, et magistrats qui assimilent les responsables d'actes de terrorisme à personnes psychologiquement troublées et non des terroristes responsables de leurs actes

---

[17] Note de travail de travail dans le cadre des travaux de pour un comité de réflexion pour la Défense en 2014 sur le sujet les Nouvelles Menaces.

commettent un déni, pour des motifs personnels plus ou moins avouables, lourd de conséquences.

Un rapide historique du terrorisme, quelques exemples.

La destruction massive des populations vaincues, leur déportation, l'esclavagisme :

Dans l'antiquité, dans la Bible, chez les Grecs, les Perses, les Romains, les guerres se terminaient souvent par le massacre entier des populations vaincues ou la déportation de leurs élites, la mise en esclavage des ouvriers et des jeunes femmes. Les révoltes, si elles pouvaient commencer par des actes que l'occupant qualifiait de terroristes, destructions des divinités imposées, massacres de leurs prêtres, attaques sporadiques de ses forces armées, étaient sévèrement punies. Les fauteurs de troubles étaient torturés puis tués quand les évènements ne se terminaient pas en guerre d'anéantissement totale pure et simple.

Les prises d'otages étaient courantes, quelques fois rendus en échange de concession, mais souvent, chez les Romains et au Proche-Orient jusqu'après la période des Croisades, des otages de longues durées étaient pris à titre de garanties des accords passés. Ces otages souvent princiers, étaient éduqués et bien traités par leurs détenteurs et pouvaient devenir les meilleurs défenseurs de la « civilisation » apportée par leurs vainqueurs et leurs plus fidèles collaborateurs.

Le terrorisme sectaire - les assassins :

Les Ismaélites, tout en se rattachant au souvenir de Mahomet, interprétaient l'Islam à leur gré. Ils se défendaient de prendre au sérieux les pratiques du Coran et le Calife fatimide Hakem fonda au Caire une société dite de sagesse, qui condamnait tous ensemble le Calife de Bagdad, comme usurpateur, la foi et la morale comme des préjugés et des folies. La secte des Assassins sortit de cette école. Hassan, fils de Sabbah, était né dans le Khorasan, accueilli en Égypte auprès du Calife fatimide puis disgracié, il revint en Asie, obsédé par un grand désir de puissance, et accompagné de tous les moyens nécessaires pour y parvenir (vers l'an 1073). Hassan fit rapidement des disciples nombreux, et, avec leur dévouement, il s'empara de la forteresse d'Alamout et d'autres châteaux qui s'élevaient dans les environs ; en vain, Malek-Chah voulut les détruire ; son grand vizir fut mis à mort par un des disciples d'Hassan, et lui-même mourut sans avoir le temps d'assurer sa vengeance.

D'autres meurtres, d'autres menaces, agrandirent cette puissance naissante. Le sultan Sindjar, qui régnait dans le nord-ouest de la Perse, s'était déclaré l'ennemi des nouveaux sectaires : il fut dissuadé par la menace d'entreprendre quoi que ce soit contre eux. Sindjar fit la paix, par crainte, et accorda à Hassan, à titre de pension, une partie de ses revenus. Hassan habita Alamout pendant 35 années. Il organisa la société créée par lui.

Enfermés dès leur enfance dans les palais, sans autre société que leurs *daïs*, les Fédaviés apprenaient que leur salut éternel dépendait de leur dévouement et qu'une seule désobéissance les damnait pour toujours. À cette crainte, se joignait l'espoir des récompenses ; on leur promettait le paradis, on leur en donnait quelquefois une jouissance anticipée. Pendant leur sommeil, provoqué par une boisson enivrante, ils étaient transportés dans de magnifiques jardins où ils trouvaient à leur réveil tous les enchantements de la volupté ; après quelques jours, le même breuvage les endormait de nouveau, et ils retournaient sans le savoir au lieu d'où on les avait emportés. À leur réveil, ils racontaient de quelle sorte de ravissements ils avaient joui, et ils s'animaient encore, par ce souvenir d'un bonheur passager, à mériter celui qui n'aura pas de fin. Introduits devant leur seigneur, celui-ci leur demandait s'ils voulaient qu'il leur donnât le paradis, et sur leur réponse s'ils étaient prêts à exécuter ses ordres, il leur remettait un poignard et leur désignait une victime.

Cette, société porta différents noms ; on les appela Ismaélites orientaux, pour les distinguer de ceux d'Égypte, Bathéniens ou partisans du culte intérieur, Molahed ou impies et enfin Assassins. Ce nom est une corruption d'haschischin, qui lui-même vient de hachisch ; le hachisch était un breuvage enivrant qui servait à endormir les Fédaviés. Le chef suprême s'appelait le Seigneur des couteaux, et plus souvent le Seigneur de la Montagne, Cheick al Djébal.

La puissance des Assassins s'étendit successivement depuis la Méditerranée jusqu'au fond du Turkestan. Pendant les 150 années que remplissent les règnes d'Hassan et de ses successeurs, ils entretenaient une terreur continuelle dans l'âme de tous les souverains d'Asie. /… /. Les Assassins ne succombèrent que sous les coups des Mongols en 1258 ; le septième successeur d'Hassan, Rokneddin Kharshah, régnait alors. Les Mongols, sous la conduite d'Houlagou, le vainquirent et le mirent à mort.

Le terrorisme maritime et d'état :

Au XVe siècle, l'Espagne très catholique, épurée de ses Maures et de ses Juifs, était à la fois la puissance mondiale incontestée et la détentrice des *droits* légaux sur les terres nouvelles d'Amérique et sur le commerce international, conformément au droit international…

Or, voilà qu'au XVIe siècle, fait irruption ce qui est proprement alors un "Tiers-monde" protestant, c'est-à-dire l'ambition d'une tierce puissance, une nouvelle venue, par rapport aux deux puissances mondiales, hispano-lusitaniennes, instituées par l'acte de partage de Tordesillas, et qui se porte candidate à la suprématie des mers…. L'Angleterre, la plus périphérique, la plus atlantique et isolée des petites nations du continent européen, qui n'est encore, à l'époque, qu'une île pauvre, peuplée de bergers fileurs de laine, sans aucune puissance politique ni militaire, et qui était restée jusque-là hors du jeu des puissances mondiales, gravitant modestement dans l'orbite espagnole, s'engage en effet résolument, avec la reine Élisabeth 1re, à défier la puissance dominante incontestée de l'Espagne… et donc à bouleverser l'ordre international légitimé par les décrets du Pape Alexandre VI…

Sa stratégie va être la duplicité diplomatique et le terrorisme cynique. Aussi étonnant que cela puisse nous paraître aujourd'hui, l'Angleterre élisabéthaine, va être le premier État terroriste de l'époque moderne …. Les pirates anglais, appelés corsaires, pratiqueront des vols, brigandages, pillages, massacres, atrocités, terreur, pour affaiblir progressivement l'Espagne, sans que la couronne anglaise paraisse jamais responsable devant le droit international — qu'en réalité, derrière sa façade respectueuse, elle ne reconnaît pas —, de cette guerre terroriste non déclarée qu'en réalité elle commandite, et cela, jusqu'à ce que le rapport de force s'inverse.

Les prises d'otages dans le monde moderne :

À ne pas confondre avec les prises d'otages à caractère crapuleux, même si les auteurs des prises d'otages peuvent eux-mêmes entraîner une confusion des genres : des prises d'otages à caractère politique peuvent dériver en demande de rançon en cas d'échec des revendications initiales.

Le terrorisme romantique et anarchiste, sa récupération idéologique par le communisme.

De tout temps, des hommes ont commis des actes individuels qualifiés de terroristes, même si dans la réalité le fait qu'ils aient été commis individuellement ou par un groupe limité peut être douteux. L'assassinat de César, d'Henri IV, de l'Archiduc François Ferdinand d'Autriche et de son épouse à Sarajevo sont des actes politiques visant des objectifs politiques et des victimes institutionnelles.

Avec l'apparition des anarchistes, nous entrevoyons une nouvelle idéologie.

L'**anarchisme** est une philosophie politique qui prône l'abolition de toutes formes de gouvernement et de domination. Ce n'est pas l'absence d'ordre, de règles, de structure organisée, les anarchistes recherchent l'absence de hiérarchie, de pouvoir, d'autorité (principes organisationnels que les anarchistes considèrent comme immoraux, oppressifs, nuisibles, générateurs de désordre et de malheur, et inutiles). Les anarchistes tendent vers l'organisation d'une société libertaire, où la liberté politique serait le fondement social. Dans ce but, il faut détruire la société pour en reconstruire une meilleure. Pour cela, les méthodes appliquées seront un terrorisme politique, rapidement doublé d'actions contre la société civile, car les protagonistes de cette philosophie s'aperçoivent rapidement qu'elles marquent plus les esprits.

La Seconde Guerre mondiale fait table rase de la tendance antérieure. En Allemagne Nazi, le terrorisme d'état contre la population juive, les Tsiganes et d'une manière générale contre tous ceux qui contrarient le régime, de par son ampleur et son inhumanité, fait apparaître comme de timide actions de déstabilisation les actes précédents.

Vers les années 60 à 80 apparaissent dans le monde, parallèlement aux groupes révolutionnaires du tiers-monde, des groupuscules à caractère anarcho-gauchisant qui séviront dans les pays développés. Sans être formellement liés entre eux, les différents groupes s'entraideront dans la réalisation d'actes terroristes orientés contre des hommes politiques, mais aussi contre des personnalités du monde civil en vue (Aldo Moro, le président du CNPF allemand, George Besse, Président de Renault, l'Ingénieur Général Audran, responsable de la Direction des Affaires Industrielles et Internationales de la Direction Générale de l'Armement). Ils utiliseront aussi des professionnels de l'assassinat (Carlos) et seront rapidement manipulés par les services secrets des pays communistes. Leur attractivité limitée empêche le renouvellement de leurs effectifs, et les actions de police des démocraties occidentales mettront en quelques années un terme à leur action. C'est une dérive de l'action des partisans qui a évolué de cibles militaires et institutionnelles vers des cibles civiles. Guerre du faible, elle prend progressivement son essor dans la seconde moitié du XXe siècle. Lors des guerres d'indépendance (Indes, Proche-Orient), qui suivent la fin de la Seconde Guerre mondiale, les actions dirigées contre les forces armées coloniales admettent peu à peu des dommages collatéraux de plus en plus importants dans les populations civiles ou visent des populations civiles supposées militarisées par leur lien avec l'occupant pour finalement ne cibler que des « victimes innocentes ».

Contrairement à une opinion couramment répandue, le terrorisme Moyen-Oriental ne commence pas avec le détournement d'avion d'El AL en 1968. D'autres attentats terrorismes avaient eu lieu contre Israël bien avant la création même de cet État. Ailleurs, l'accession des Indes à l'indépendance et leur partition entre une république indienne et un état pakistanais se fait dans une suite continue d'attentat terroriste bien que le leader charismatique de cette indépendance fût un homme, Gandhi, qui prônait la non-violence.

Le nombre des victimes de ces attentats, jusqu'au 11 septembre 2001, n'est pas très différent de celui des actes actuels, mais on en parle peu. Ils concernent des populations éloignées, de pays peu développés pour lesquels on éprouve peu d'empathie et où le nombre de morts dans ces actes ne dépasse pas celui des catastrophes naturelles qui reviennent cycliquement.

Toutefois, à partir des années 70 (Munich 1972), le terrorisme moderne se rapproche des pays occidentaux et devient efficace aux yeux des commanditaires, car **deux conditions** préalables sont remplies :

- L'Etat se sent responsable **individuellement de tous ses ressortissants**, et
- Il existe des réseaux de média puissants et intéressés pour relayer, **amplifier** et diffuser l'information et la terreur.

En résumé, même s'il a pris des formes nouvelles, le terrorisme n'est pas un concept récent.

Typologie des terrorismes, terroristes et partisans :

Le terrorisme, contrairement à l'action de partisan qui s'attaquent aux forces d'occupation essentiellement militaires ou institutionnelles, vise à semer la terreur en s'attaquant à des cibles civiles les plus « innocentes possibles » pour anéantir la volonté de résistance des peuples et atteindre son but en faisant pression sur leur gouvernement sans faire de la survie de ses propres effectifs un objectif notable. Le terrorisme ne peut gagner de guerre militairement [18] contre des « grandes puissances » mais influence des décisions politiques avec plus ou moins de succès : Espagne (+), USA (?), France (-), « port du voile ».

Le terrorisme actuel, critères de segmentation :

Pour caractériser chaque attentat notre analyse cherchera à répondre aux questions suivantes :

- Est-ce le fait de groupes de personnes identifiables à un territoire ou diffus ?

---

[18] **Sauf dans des** zones géographiques instables ou en profondes récessions et avec l'aide de puissances de plus haut niveau, par exemple en Lybie en 2011.

- L'objectif est-il politique, idéologique, nationaliste, ethnique, sociologique ou religieux avec conflit de civilisation au sens de Samuel Huntington ?

Quel est l'objectif de l'intégrisme islamique :
- Prosélytisme et conversion des « non-croyants ».
- Appliquer la Charia dans les États où les musulmans sont majoritaires est un objectif atteint ou en passe de réussir même dans des États musulmans où la laïcité avait pu ou aurait pu s'implanter (Indonésie, Pakistan,). C'est le cas de la Turquie. Seuls des régimes militaires, dictatoriaux ou musclés ont pu freiner l'évolution intégriste de leurs pays (Tunisie, Algérie, Maroc, Egypte, Syrie). Lors des « printemps » arabes, les intégristes ont supplanté les dictatures en place, avant de connaître des reculs comme en Egypte ou la décomposition totale de leur état, Daech en Syrie, Irak.
- Exterritorialité légale des communautés musulmanes, dans les Etats où elles ont minoritaires, pour leur permettre, éventuellement les forcer à vivre sous la

coupe de la Charia et les dispenser de respecter les lois des pays d'accueil tout en conservant les avantages.

Combattre le terrorisme nécessite la mise en place des moyens de guerre secrète et d'actions de type militaire :
- Infiltration,
- Espionnage, recrutement d'agents et surveillance de suspects.
- Actions préemptives de destruction et de désorganisation de réseaux,
- Communication, encadrée et contrôlée simultanément à une désinformation ciblée,
- Élimination ciblée des responsables[19].

---

[19] L'État Hébreu, qui a eu à combattre très tôt le terrorisme, a développé une certaine expertise dans la lutte contre ce fléau et seule une très faible partie de sa population est dans le déni du caractère politique et militaire du terrorisme. Il maîtrise bien le combat contre ces actes et sert souvent discrètement de conseil et d'assistance aux Occidentaux et même quelques États Arabes. Par contre, il a souvent malencontreusement négligé sa communication, laissant, en particulier, les Palestiniens diffuser sur les réseaux de fausses nouvelles, des montages vidéo détournés et se placer dans une posture de martyrs.

Une analyse approfondie de la typologie des terrorismes nécessiterait aussi un examen détaillé des critères suivants, qui dépasse le cadre de cette étude, la segmentation se fera en fonction des critères suivants :

D'une part
- Idéologique, politique,
- Nationaliste, ethnique,
- Sociologique, civilisation,
- Religieux,

D'autre part
- Territorial et régional,
- Disséminé, international ou échangiste.

	Idéologique, politique	Nationaliste, ethnique	Sociologique, civilisation	Religieux
Territorial et régional	Groupes d'Amérique du Sud : FARC, Sentier lumineux, Indiens Chapala du Mexique, panthères noires, Hamas, Hezbollah	ETA, FLNC, mouvements Tchétchènes, le terrorisme d'Etat syrien direct ou indirect	Fatah, islamisme Chiite, les martyrs d'El Aqsa, Hamas, Hezbollah	IRA, Hamas, Jihad Islamique, Aby Sayyaf aux Philippines, Jemah Islâmiya en Indonésie, FIS, Daech
Disséminé, international ou échangisme	Brigades rouges, bande à Baader, action directe	Le terrorisme d'Etat libyen		Al Qaeda

L'état du Proche-Orient à la fin de la seconde décennie du XXe siècle

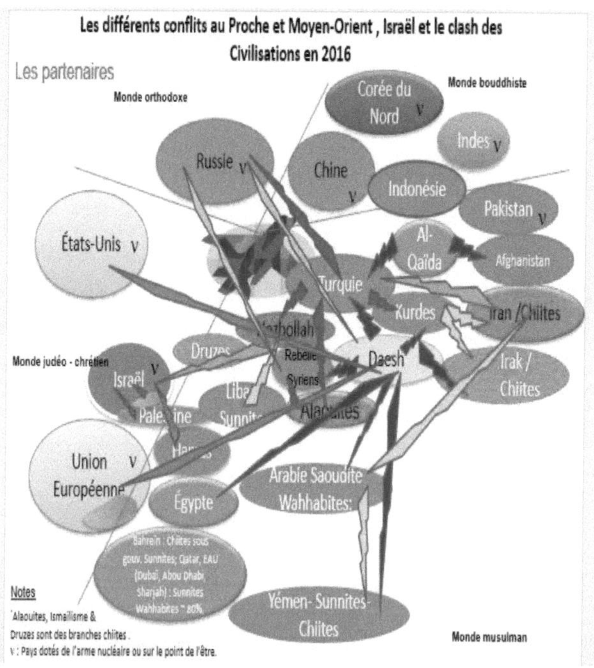

Cette charte a été dessinée début 2016, depuis, le Califat de l'État Islamique, Daech, dont les Islamistes sunnites rêvaient, a presque totalement disparu en tant qu'entité territoriale, mais l'organisation sous-jacente et la menace terroriste qu'elles entretenaient restent présentes et vivaces [20]. En final, le principal intérêt de ce graphique est de montrer la complexité de la situation et l'enchevêtrement des alliances où les partenaires, bien qu'alliés, courent après des objectifs différents et souvent incompatibles.

La Syrie dirigée par Bachar el-Assad a failli disparaître, éparpillée entre des révolutionnaires sunnites anti Assad, les Forces Démocratiques Syriennes, des Kurdes, des Druzes, les Chiites du Hesbollah et le reste des Alaouites fidèles, mais elle a été sauvée par l'intervention des Russes au travers d'une implantation physiques permanente dans l'Est

---

[20] Il faut se méfier avec la présentation des cartes, en particuliers dans la presse ; au moment de l'extension territoriale de Daech la plus grande, il paraissaient occuper les deux tiers de la Syrie et un bon tiers de l'Irak, mais en fait ils occupent les points d'eau et zones humides, rivières, lacs et certaines voies de communication, ces zones étroites fortement peuplées, entourent de vaste désert, peu habités, ce qui donne sur les cartes l'impression de vastes territoires, qui rétréciront très rapidement lors de l'offensive terrestre de la coalition adverse. Daech avait utilisé le modèle du jeu de GO, très prisé par Mao Tse Tung, lors de la Guerre Révolutionnaire.

du pays et des bombardements massifs des zones rebelles modérées et extrémistes.

Une alliance complexe, mais qui reste conflictuelle sur beaucoup d'objectifs, entre les Russes, les Turcs et l'Iran a néanmoins, non seulement permis au régime d'Assad de se maintenir, mais de reconquérir la grande majorité du territoire d'antan, au prix de plus de cent cinquante mille morts syriens et plusieurs millions de réfugiés.

Une fois de plus, une dictature musulmane n'éprouve aucune empathie pour son propre peuple et n'hésite pas à utiliser des armes prohibées contre des populations civiles, déclenchant les foudres d'Associations non-gouvernementales et de l'O.N.U., qui, après avoir émis des votes de condamnation, nommé des commissions d'experts qui enquêteront quand elles le seront autorisées par les autorités qu'elles devraient juger et dont les conclusions souvent plusieurs semaines, sinon des mois après les évènements, ne tireront aucun élément qui permettrait aucune action concertée. Seuls les États-Unis, avec quelques fois un ou deux états européens prendrons des mesures de rétorsion ou menaceront d'agir ... la prochaine fois, qu'une ligne rouge plus, ou moins définie, aura été franchie.

Ces O.N.G. et l'O.N.U., confondant souvent antisémitisme et antisionisme, à l'inverse n'hésiteront pas à condamner avec véhémence Israël lorsque des membres du Hamas, déguisés en civil ou des enfants envoyés par ces derniers, pour menacer les villages israéliens, qui eux sont de vrais civils, proches de la frontière avec la Bande de Gaza, sont blessés ou tués lors d'accrochages avec l'armée israélienne qui sont alors dénommés par les O.N.G. des ripostes disproportionnées. L'Unesco ira jusqu'à voter une motion déclarant que Jérusalem n'a pas de lien avec le peuple juif, avec le soutien de multiples délégations européennes ; face aux protestations indignées des organisations juives, certains prétendront, pour justifier les votes des ambassadeurs [21] qui avaient approuvé ces motions, qu'ils étaient dus « à l'ignorance » de l'Histoire de la région.

---

[21] Sans doute ces ambassadeurs européens n'étaient-ils jamais allés à l'école dans leur pays d'origine.

Pour comprendre les réactions des différents acteurs sur les théâtres des opérations nous devons cerner la perception de la situation par les Occidentaux :

-1. De leurs propres critères d'appréciation et de leurs objectifs, puis celle,
-2. Des critères de leurs adversaires.

Pour les occidentaux, il est impératif :

De minimiser les pertes militaires de quelques sortes que ce soit.

De minimiser les pertes civiles et dommages collatéraux y compris ceux de l'ennemi.

De pouvoir échanger les prisonniers et récupérer ses ressortissants pris en otages quel qu'en soit le prix[22].

Priorité au développement économique.

---

[22] Question subsidiaire : Sommes-nous en 1938 avant « Munich » ou en 732 avant « Poitiers » ?

Pour leurs adversaires, en l'occurrence les Islamistes qu'ils soient organisés en groupes terroristes, califats ou en états :

La vie humaine ne compte pas y compris celle de son propre peuple ; l'utilisation de boucliers humains est généralisée.

Pratiquer un terrorisme d'état ou artisanal ; commettre des attentats aveugles, les plus lourds possibles en pertes humaines avec le plus de victimes civiles innocentes (tierces au conflit) car l'objectif n'est pas de détruire les forces de l'ennemi, mais de saper son moral et sa volonté de se défendre.

Par contre les chefs « n'aiment » pas mourir eux-mêmes (attentats ciblés).

Ils détestent la perte définitive de territoires.

Communication sans vergogne ni souci de véracité sur leur victimisation.

Quelques rappels sur la matrice de lecture des Islamistes[23] et retour sur les définitions des termes couramment utilisés :

Charia et Oumma. Terre d'impiété. Dhimmi et païens.	Loi coranique et unité du monde musulman. Là où ne s'applique pas la charia. Peuple du livre « de seconde catégorie, mais protégé ».
Dar al-Islam : plus grande étendue historique de la conquête islamique.	Dar al-Salam : territoire de la paix, territoire islamique actuel.
Dar al-Kufr : territoire de l'impiété, le reste du monde.	Dar al-Harb : territoire de la guerre.
Dar al-kharadj : territoire du tribut, protectorat contre	Dar al-Culh : domaine de la trêve, accord

---

[23] Frédéric Ancel, Géopolitique du sionisme- Stratégies d'Israël.

Frédéric Ancel, Géopolitique du Printemps arabe.

des avantages à l'Islam et paiements.

temporaire avant reprise du conflit.

Dar al-Ahd : territoire du pacte où les musulmans sont minoritaires.

Dar al-Shahâda : domaine du témoignage où le prosélytisme musulman s'exerce.

Dar al-Dawa : domaine de la prédication où débute une action musulmane.

Califat : empire musulman dirigé par une chef absolu et « éclairé ».

Djihad offensif : dilater l'Oumma, destruction totale de l'infidèle conduite par un calife.

Djihad défensif : défense de l'Islam, reconquête du Dar al-islam en l'absence d'un calife (ne pas se méprendre sur le terme défensif).

Les résultats selon la Théorie des Jeux

Les tableaux suivants schématisent selon les modèles de la théorie des jeux à deux joueurs à somme nulle[24] les gains du joueur « A », Israël et/ou les Occidentaux, qui sont les pertes du joueur « B », les Islamistes et Néo fondamentaux.

Nous avons noté en ligne les stratégies possibles du joueur A et en colonnes celles du joueur B.

À l'intersection de chaque ligne et de chaque colonne, nous avons indiqué les gains du joueur A, qui sont, si nous sommes dans un jeu à somme nulle les pertes du joueur B, ces résultats correspondent au choix par le joueur A de la stratégie spécifique de cette ligne et par le joueur B du choix spécifique de cette colonne.

« 0 » signifie ni gain, ni perte pour chacun des joueurs.

---

[24] En fait nous ne sommes pas vraiment dans un jeu à somme nulle du fait du ressentit différent de chacun de adversaires.

« X » signifie un gain modéré pour le joueur A et donc une perte modérée pour le joueur B.

« XX » signifie un gain important pour le joueur A et donc une perte importante pour le joueur B.

Les stratégies optimales consistent pour le joueur A à choisir la stratégie (la ligne) qui maximise le minimum de gain et pour le joueur B la stratégie (la colonne) qui minimise le maximum de pertes ; si le jeu à somme nulle les gains de l'un égalent les pertes de l'autre et le résultat est un point d'équilibre[25].

------

[25] Aussi appelé « point de selle ». Cours dispensé à l'Université de Californie à Berkeley par Gérard Debreu, prix Nobel d'Économie.

MATRICE des PERTES & des GAINS			Islamistes & Néo fondamentalistes			
			Guerre classique	Terrorisme	Attaque NBC	
Stratégies		Rationalité (1)	Ensemble d'information			
			Matrice de lecture			Min
Occident	En permanence	Riposter sous dôme de protection*	Ensemble d'information / Matrice de lecture	X	X	XX	X ←
		Négociation		X	0	0	0
	Conclusion : Israël a intérêt à refuser toute négociation et tant qu'une négociation sérieuse avec reconnaissance du caractère juif de l'Etat d'Israël n'est pas reconnue et renforcer sa stratégie défensive.					Maxmin x	
	Cette situation est stable selon la théorie des jeux car le MaxMin = le MinMax		Max	X	X	XX	
			MinMax x				

*Dôme de protection (m$210) : 13 (act. 9) batteries de 20 missiles (k$ 50 / missile), pour couvrir un rayon de 40 km (4 à 70 km, radar 100 km, 200 cibles/mn). Interception en 15 s soit une Qasam tirée à 5 km.

MATRICE des PERTES & des GAINS				Islamistes & Néo fondamentalistes			
		Stratégies	Rationalité (1)	Guerre classique	Terrorisme	Attaque NBC	
				Ensemble d'information			
				Matrice de lecture			Min
Occident	Avant	Dissuasion classique		X	0	0	0
		Dissuasion nucléaire		XXX	-X	XX	-X
		Attaque préemptive		X	X	X	X
	Après	Riposte graduée		0	0	0	0
		Riposte disproportionnée - Classique		XX	XX	0	0
		– Nucléaire		X	0.5 X	XXX	0.5 X
		Israël a intérêt à entreprendre des attaques préemptives	Max	XXX	XX	XXX	Maxmin x Minmax xx

(1) La rationalité des uns peut être considérée comme l'irrationalité des autres

Jacques Leibovici 08/06/2015

Le premier tableau résume la situation précédent les phases « chaudes » du conflit, c'est-à-dire où une possibilité de négociation existe ; le second la stratégie et la conduite des moyens du conflit lui-même.

Un point particulier doit être examiné, à part, il concerne la menace nucléaire que fait peser l'Iran sur Israël et le Moyen-Orient, et même le reste du monde.

La théorie du Minimax ou Maximin, qui est le point d'équilibre du jeu montre qu'Israël a intérêt à ne pas négocier tant que ses adversaires ne sont pas prêts à reconnaître son état dans des frontières sures et reconnues et à accepter le caractère juif de cet état. Dans cette stratégie, il doit renforcer son système défensif contre les attaques ennemies de quelques types que ce soit. Simultanément, en cas de menace grave, il doit se tenir prêt à des frappes préemptives.

Simulations nucléaires

Un site sur Internet permet de faire des simulations, non pas des résultats d'une guerre nucléaire, mais de l'impact sur une région donnée de l'explosion d'une charge nucléaire dont on peut fixer à son gré les paramètres et caractéristiques[26].

Son usage est simple, il faut d'abord pointer sur une carte le lieu que vous souhaitez cibler ou citer le nom d'une ville, puis entrer la puissance de la bombe en kilotonnes, la hauteur de l'explosion soit en altitude ou au sol, vous obtiendrez le nombre de victimes et les retombées radioactives.

---

[26] Il s'agit de http://nuclearsecrecy.com/nukemap/ développé par Alex Wellerstein, 2012-2018, universitaire, né en Californie. Il a obtenu un baccalauréat en histoire de l'Université de Californie à Berkeley en 2002 et un doctorat en histoire de la science de l'Université Harvard en 2010. Il a été boursier du Département américain de l'énergie, chargé de cours à l'Université Harvard à la Harvard Kennedy School et historien associé à l'American Institute of Physics. Depuis 2014, il est professeur d'études scientifiques et technologiques au Stevens Institute of Technology.

Il ne vous reste qu'à appuyer sur le bouton appelé détonateur.

Vous pouvez, effacer tous les effets et lancer plusieurs bombes ou déplacer la sonde au point zéro.

AMUSANT ? EFFRAYANT !

J'ai testé une bombe sur Tel Aviv en choisissant le lieu d'impact … *de manière à éviter les lieux où j'avais des amis !*

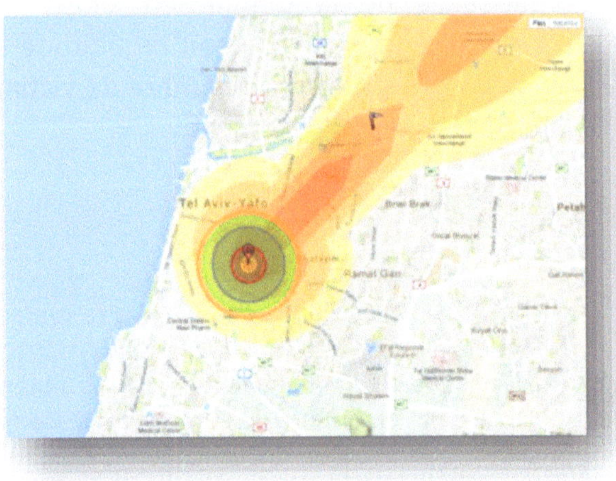

J'ai donc fait « exploser » une bombe de 10 kilotonnes en surface (à 300 mètres d'altitude). L'agresseur n'a pas à être cherché très loin, la

République Islamique d'Iran déclare régulièrement qu'elle a l'intention d'éradiquer l'État sioniste.

La carte montre les différentes zones impactées.

Dans la zone où la surpression atteindra environ 70 grammes par centimètre carré (1psi) ou 700 tonnes par m² ou 6,89 kN/m², on compte 384290 habitants en moyenne sur 24 heures :

Le résultat serait alors de 50210 morts et 117690 blessés.

Le rayon de la boule de feu s'élèverait à 200 m (0,12 km², zone en jaune) [27], celui de l'onde de choc (surpression de 20 psi) à 470 m. (0,69 km ², zone en rose), où même les bâtiments fortifiés en béton armé seront sévèrement endommagés ou détruits et les décès atteignent 100 % et celui de la zone de surpression de 5 psi sera de 0,99 km (3,06 km²),

---

[27] Si l'explosion touche le sol (explosion de la bombe à une altitude inférieure à 300 m), la quantité de radiations émises est considérablement amplifiée, mais l'onde de choc est réduite car absorbée pour une part plus ou moins importante par le sol.

avec cette valeur, la plupart des bâtiments résidentiels s'écroulent, les blessures sont généralisées et les morts nombreux.

Le tableau suivant décrit, sur le plan des radiations pour une bombe de 10 kilotonnes avec un vent de 24 km/h les dimensions des zones de retombées.

Radiations en Rads/h.	Longueur maximale du nuage en Km.	Largeur maximale du nuage en km.	Surface touchée en km².	Couleur sur la carte
1	98,7	7,46	838	Jaune clair
10	62,7	4,48	386	Orange
100	26,6	1,5	104	Rouge
1000	4,12	0,82	5,29	Carmin

Expositions aux radiations :

Sur la carte en vert, dans un rayon de radiations de 500 REM, 1,25 km (4,91 km²), sans traitement médical, entre 50 % et 90 % de décès par effet direct. La mort peut survenir entre quelques heures et plusieurs semaines.

En jaune zone de radiations thermiques avec brûlures au troisième degré dans un rayon de

1,41 km (6,22 km²). Les brûlures au troisième degré traversent plusieurs couches de peau et sont souvent sans douleurs, car les nerfs sont aussi détruits, elles laissent des cicatrices importantes et des incapacités et peuvent entraîner des amputations ; un échauffement de 8,4 calories par centimètre carré entraine dans 100% des cas des brûlures au troisième degré.

En conclusion, ce serait dramatique, mais sans doute totalement insuffisant pour anéantir Israël et empêcher ce pays de réagir et d'exercer des représailles *« disproportionnées » (ou plutôt « mérités »), sans même présumer d'une attaque préemptive d'Israël contre ceux qui voudraient le menacer, en l'occurrence l'Iran.*

Alors examinons la réponse d'Israël avec un tir d'une bombe de 100 kilotonnes sur Téhéran, par exemple. Cela reste modeste, mais ces derniers savent que l'État des Juifs peut réitérer sa punition plusieurs fois et avec des bombes beaucoup plus destructives si nécessaire.

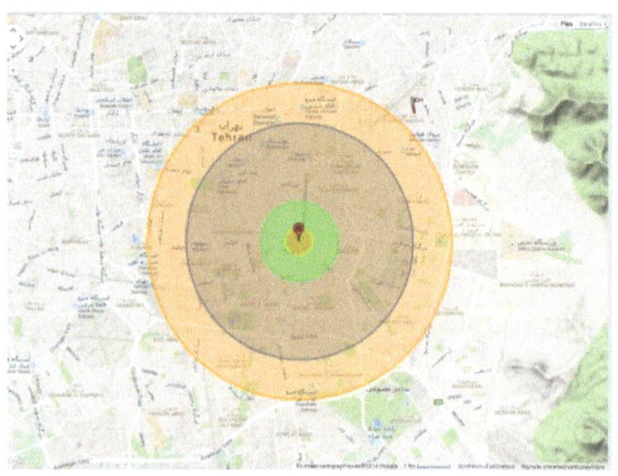

Le nombre des morts s'élèverait à 528 810 et des blessés à 1 728 110, le rayon de la boule de feu à 380 m (1,46 km²), celui de l'irradiation à 500 REM à 1,1 km (3,86 km²) et celui d'une onde de choc avec une surpression de 5 psi à 3,26 km (33,5 km²). De plus, les Iraniens savent qu'Israël a une puissance militaire conventionnelle et nucléaire qui lui permet de continuer tant que nécessaire.[28]

---

[28] Cette nécessité justifiait que les Américains, après un premier tir sur Hiroshima, lance une seconde bombe sur Nagasaki, montrant ainsi que si l'Empire du Soleil Levant ne capitulait pas, ils étaient prêts à continuer.

Les conclusions des Israéliens

Un grand nombre d'États Arabes et de Musulmans rêve de la disparition d'Israël.

Les nations démocratiques occidentales n'ont plus la capacité ou ni la volonté de s'engager dans des conflits intenses, et même lorsqu'ils font de la gesticulation ne veulent engager leurs forces qu'avec parcimonie sans troupe au sol. Leurs alliés ne peuvent compter sérieusement sur leur aide. L'Occident est en même temps confronté à un terrorisme islamiste qu'il combat avec des méthodes policières alors que nous sommes dans une guerre de civilisation, certains Européens sont dans le déni. L'islamisme extrémiste fait resurgir l'antisémitisme, qui se dissimule aussi sous la forme de l'antisionisme.

Les perceptions de la valeur de la vie humaine par les Occidentaux et les Islamistes sont différentes, ces derniers ont généralisé l'utilisation de boucliers humains et perpètrent avec sauvageries des exécutions d'otages innocents.

Les nations arabes, bien qu'en conflits entre elles, se rejoignent sur un mythe : « aucune force non-musulmane n'a pu se maintenir depuis les croisades plus de 100 ans au Proche-Orient et donc le temps joue pour eux ».

Critiqué, vilipendé, condamné avec hypocrisie par toutes les instances internationales, Israël se défend selon la seule stratégie que ses ennemis comprennent et montre que le temps ne joue pas pour ces derniers :

Il se développe économiquement, scientifiquement et militairement.

Alors que les leaders arabes sont prêts à sacrifier la vie de leur people, ils n'aiment pas être éliminés eux-mêmes.

La perte de territoire faisant partie ou ayant fait partie de l'UMA est ressentie comme un drame suprême.

Cela justifie les principaux axes de l'action militaire d'Israël : les frappes préemptives visant à préserver la supériorité des forces israéliennes, les éliminations ciblées de dirigeants arabes ayant du sang sur les mains et les actes tendant à montrer qu'en l'absence de paix véritable, les territoires qui sont passés sous contrôle israéliens risquent fort de le rester définitivement ou ne pourront que servir de monnaie d'échange contre des mesures garantissant la sécurité d'Israël.

L'État d'Israël sait qu'en final, il ne peut compter que sur ses propres forces, même si l'alliance des États-Unis, et les prises de position qui lui sont favorables et les décisions [29] qui ont été prises par l'administration du Président Donald Trump, contrairement à ce que disent ses détracteurs, montrent aux ennemis d'Israël que leur vieux rêve de détruire ce pays n'a aucune chance de se réaliser et qu'il était de leurs intérêts et ceux de leurs peuples d'essayer de négocier la Paix.

---

[29] Déplacement de l'Ambassade des États-Unis à Jérusalem, fermeture des représentations des Palestiniens aux USA, suppression du financement américain à l'UNRWA (United Nations Relief and Works Agency for Palestine), retrait le 8 mai 2018 de l'accord sur le nucléaire iranien (JCPOA, Joint Compehensive Plan of Action) signé à Vienne en 2015 après des années de négociations entre l'Iran et le groupe 5 + 1 (Russie, Chine, États-Unis, Grande-Bretagne, France et Allemagne), menaces sur la Corée du Nord, etc.

La menace iranienne

Nous avons successivement étudié dans les chapitres précédents les caractéristiques de la guerre moderne et l'influence que pouvaient avoir les technologies digitales, la généralisation de la diffusion de l'information et sciences cognitives sur la stratégie et la conduite des opérations, nous avons modélisé les stratégies modernes couramment utilisées puis recensé les dictatures sévissant de nos jours dans les pays en conflit actuel avec nos pays, nous sommes revenus sur l'Histoire et les objectifs du terrorisme moderne, nous avons analysé les conflits actuels au Proche-Orient.

Nous avons essayé de modéliser la stratégie des Israéliens face à ses ennemis au vu de la théorie des jeux, puis simulé les effets d'un conflit nucléaire entre ces derniers et l'Iran pour, en final, comprendre les conclusions et choix auxquels ceux-ci sont confrontés, mais, comme les font beaucoup d'états occidentaux qui sont, par indifférence et/ou lâcheté, dans le déni des menaces que font peser l'Iran sur l'Occident, nous avons évité jusqu'à présent d'analyser en profondeur et en détail la stratégie globale et les objectifs de ce pays.

Ce déni est d'autant plus surprenant que nous n'avons pas vis-à-vis de ce pays à avoir le complexe d'anciens colonisateurs et jusqu'à l'époque où il était gouverné par le Shah d'Iran, nous éprouvions une certaine admiration pour l'ancienne et brillante culture perse.

Alors par quel aveuglement avons-nous évité de regarder de manière critique l'avènement au printemps 1979 de la République Islamique d'Iran, une démocrature[30] et, même, avons-nous accueilli l'Ayatollah Khomeyni sur notre territoire, alors qu'à l'encontre de la conduite de réserve que se doit d'avoir tout réfugié politique, il dirigeait ouvertement la révolution contre le pouvoir en place ?

Les responsables occidentaux dans le déni s'appuient sur des arguments tels que :

Les guerres actuelles dans lesquelles est engagé l'Iran sont des conflits

---

[30] Synthèse des termes démocratie et dictature, c'est-à-dire dictature dont le système électoral parodie celui des démocraties, mais sans en avoir les caractéristiques, séparation des pouvoirs, droits de l'homme, etc.

« chiites-sunnites » qui ne nous concernent pas directement. L'Irak a mené une guerre de conquête de fin 1980 qui a duré 10 ans avec le soutien indirect des États-Unis, de la France et des monarchies pétrolières du Golfe Persique.

Les menaces contre Israël sont de la responsabilité de ce dernier, du fait qu'il refuse la création d'un état palestinien dans les frontières de la ligne de cesser le feu de la guerre de 1948 ou même de disparaître.

Ou même, comme, Alexandre Adler, un brillant historien, mais un piètre prophète, qui a écrit de nombreux éditoriaux où il argumentait que le peuple iranien était un peuple cultivé et que son intelligentsia le conduirait à éliminer, de lui-même, la théocratie qui le dirigeait et qu'il suffisait d'attendre.

Ce n'est pas le cas et nous avons vu que dans la plupart des cas aucune dictature ne s'autodissolvait d'elle-même sauf à la mort du dictateur en place, si aucun remplaçant n'a été mis en place par le pouvoir, ni ne se présente [31] ; le fils du dernier souverain du pays, Reza Pahlavi, déclare en privé ne pas être prêt à jouer ce rôle.

Alors il faut se souvenir que l'Empire Perse et son successeur moderne, l'Iran, nom institutionnalisé par Reza Pahlavi en 1934, en plus de guerres menées contre des états caucasiens et la Russie jusqu'aux confins de l'Inde [32], depuis les guerres médiques qui opposèrent les Grecs aux Perses de l'Empire achéménide au début du Ve siècle av. J.-C. et

---

[31] Nous avons déjà parlé des exceptions notables de l'Espagne à la mort de Franco et le Portugal. Dans le cas de l'Iran toute succession possible de caractère démocratique est découragée par la structure du pouvoir : À la tête du pays se trouve le *Guide de la Révolution*. C'est le seul homme politique qui doive être un membre du clergé chiite. Le guide est élu par le *Conseil des experts* (86 religieux élus pour 8 ans par les citoyens âgés de plus de 15 ans). Le Guide, élu à vie, n'est responsable devant personne. Le Guide est le chef de l'État, commande l'armée, accepte l'élection du président de la République qu'il peut révoquer, nomme les plus hauts responsables de la justice. Il dirige l'armée parallèle des *Gardiens de la Révolution* et a un représentant dans chaque ministère et chaque province.
[32] Delhi fut temporairement occupé en 1739 par les Perses, le Turkestan, l'Afghanistan furent aussi conquis à certaines époques.

l'envahissement de leur empire par les Grecs un siècle plus tard, **l'Iran est l'ennemi de l'Occident** (et quelques fois simultanément des Russes).

Sa stratégie, néo-impérialiste, consiste à asseoir le pouvoir Chiite chaque fois que la population s'y prête au travers de l'envoi de troupes, de conseillers, de financement et d'armements.

Sans parler de l'Irak où une grande partie de la population est chiite, l'Iran essaie d'implanter actuellement ses forces en Syrie, au grand dam d'Israël, profitant de la lutte contre Daech et pour aider le régime de Bachar El Assad à se maintenir, pour combattre les Kurdes, contre qui il n'hésite pas à s'allier aux Turcs ; c'est un farouche ennemi des États pétroliers du Golfe Persiques, dont l'Arabie Saoudite, qu'il combat par ethnie chiite interposé, les Houthi, au Yémen, et de l'Égypte ; c'est un allié du Hezbollah au Liban, qui lui sert à exercer une pression permanente sur le Nord d'Israël.

En septembre 2018, la présence de groupes d'Iraniens, mollah, gardien de la révolution, universitaire, étudiant d'université coranique est relevée à Kaboul, dont l'objectif avoué est de rallier les chiites afghans à ceux des pays voisins pour « contrer les ennemis américain, israélien ainsi que Daech, qui tuent les musulmans, et les chiites en particulier, dans le monde entier ». Cette équipe initiale a pour mission de se multiplier pour créer un nouvel Hezbollah local.

À Nimroz, dans le Sud-ouest de l'Afghanistan, à la frontière avec l'Iran, les talibans vont régulièrement s'entraîner en Iran qui, allié traditionnel de Kaboul, joue un double jeu, ceux-ci ont renforcé de manière significative leurs aides aux Talibans, au plan financier et en matériel depuis le retrait de l'Administration Trump de l'accord de 2015 [33].

Des camps d'entraînement existent dans le Nord-ouest de l'Iran aux abords de la ville de Machhad, où sont dispensés une formation sur le combat corps-à-corps, sur « le renseignement et la stratégie », la fabrication d'explosifs télécommandés et l'organisation d'attentats suicides ; les meilleurs éléments doivent à leur tour former leurs troupes ; les futurs kamikazes reçoivent un plus d'aide de la part des Iraniens, leurs familles sont logées en

---

[33] Le Figaro 19/09/2018, Benn, Margaux.

Iran et obtiennent des documents d'identité iraniens.

Par ailleurs le développement de l'arme nucléaire, ralentie, mais non définitivement arrêté par les accords signés en 2015 avec le groupe du JCPOA sous le leadership de l'administration Obama, qui omet de traiter des systèmes d'armes et vecteurs de projections de ces armes de destruction massive sur Israël, mais aussi sur l'Europe de l'Ouest, montre les ambitions de l'Iran. Celui-ci menace non seulement le Proche et Moyen-Orient, mais l'Occident dans son ensemble, ce que ces derniers se refusent à prendre en compte, car mener une guerre totale dans cette région, sans même faire d'hypothèses sur les réactions imprévisibles de la Russie et, dans une moindre mesure de la Chine, demanderait un renforcement énorme des forces armées, entre autres françaises et britanniques et peut-être même le rétablissement d'un service militaire universel et obligatoire d'une durée significative[34] .

____

[34] Et non d'un service citoyen de quelques jours dont il est question actuellement.

Pour le moment, faute de consensus, par crainte de représailles terroristes, on doit se contenter du blocus économique américain et des sanctions instaurées par Donald Trump, mais même vis-à-vis de cette stratégie les Européens traînent des pieds et tentent de le contourner tout en essayant de ne pas se faire prendre et être sanctionné par les Américains.

Les conséquences économiques sur le pays et l'appauvrissement du pays, suffiront-elles à pousser les classes intermédiaires et cultivées à renverser le régime et mettre en place un régime démocratique et pacifique ?

Par ailleurs, le pays fait néanmoins l'objet d'attentats revendiqués par des organismes terroristes sunnites et de révoltes internes de certains organismes militaires dissidents. Les plus récents ont eu lieu depuis 2017 [35]:

« Vingt-quatre militaires ont été tués et soixante autres ont été blessés, qui sont dans un état critique, le samedi 22 septembre 2018, anniversaire de la date de déclenchement de la Guerre Irak-Iran en 1980, dans le sud-ouest de l'Iran dans une attaque menée par un commando

---

[35] Information France 24.

armé, accusé d'être lié à un groupe séparatiste arabe, selon des médias iraniens.

L'attaque a été menée à Ahvaz, la capitale de la province du Khuzestân, peuplée majoritairement d'Arabes, 1 100 000 d'habitants. Selon l'agence de presse Isnâ, l'attentat a été imputé à un groupe séparatiste arabe protégé par l'Arabie Saoudite.

Le 20 juillet 2018, 10 membres des Gardiens de la révolution avaient été tués dans une attaque menée par des insurgés contre l'une de leurs bases dans le village de Dari, situé dans le nord-ouest du Kurdistan iranien. Le 7 juin 2017, des kamikazes armés du groupe État islamique avaient attaqué le Parlement et le mausolée de l'imam Khomeyni à Téhéran, faisant 17 morts et des dizaines de blessés. »

Ces attentats et les pressions économiques, peuvent-ils faire pencher la balance ? On peut en douter tant que l'encadrement militaire des gardiens de la révolution maintient et soutient la théocratie.

Le rôle et les objectifs de la Russie

La Russie, suite à l'effondrement de l'Union Soviétique et l'émancipation de ses états satellites en Europe, les États Baltes, la Pologne, la Tchéquie, la Slovaquie, le Hongrie, etc. et de son empire avec l'indépendance de l'Ukraine, de la Biélorussie, de la Géorgie, de la Moldavie, de l'Arménie, et des républiques à populations musulmanes, Azerbaïdjan, Kazakhstan, Ouzbékistan, Tadjikistan, a perdu sa position de grande puissance économique[36] pour se situer actuellement au 12e rang mondial. Elle reste néanmoins le premier producteur mondial de gaz naturel et de pétrole.

La Russie, cependant, est la seconde puissance militaire mondiale avec un large écart par rapport aux États-Unis, suivi de près par la Chine.

---

[36] Superficie : 22,4 millions km².

Population : 293 millions (juil. 1991 ; celle-ci passe à 146 millions en 2018 (9e rang mondial, dont 7,1 % de musulmans), avec une superficie de 17,1 millions de km².

Elle reste aussi dans le hit-parade des 10 nations les plus puissantes avec le Japon, l'Inde, la France, la Corée du Sud, l'Italie, le Royaume-Uni et la Turquie.

Les États-Unis et la Russie possèdent 90 % de l'arsenal mondial d'armes nucléaires.

Nous pouvons nous interroger sur les motivations de la Russie et sur ses objectifs au Proche-Orient. Elle n'a pas besoin du pétrole du Moyen-Orient, elle est exportatrice de gaz liquéfié, et à l'exception des États-Unis aucune puissance n'est à même de la menacer.

La Russie souffre cependant d'un complexe d'ancienne puissance majeure partiellement déclassée et elle se sent « encerclée » par l'Europe et l'OTAN à l'Ouest, qui flirte dangereusement avec l'Ukraine [37] alors que celle-ci est engagée dans un conflit avec la Russie au sujet des populations russophones, et qui a pris des sanctions après l'annexion de la Crimée qui historiquement appartenait à la Russie et non à l'Ukraine. Au Sud, les nouvelles républiques musulmanes du Caucase

---

[37] L'imbrication des populations russophones et Ukrainiennes, conflit du Donbass.

retrouvent une éventuelle cinquième colonne en Tchétchénie qui, bien qu'écrasée il y a quelques années par la répression des armées de Poutine, n'en reste pas moins un réservoir de terroristes et enfin par la Chine qui a 4 250 km de frontières avec elle, en dépit d'un rapprochement de circonstance face aux sanctions du gouvernement de Donald Trump.

Alors Poutine et l'armée russe cherchent à montrer leurs « muscles », dans les régions où cette dernière reste une puissance majeure et à obtenir des gages pour faire pression sur les Américains et les Européens qui voudraient intervenir dans ses chasses gardées.

Son implantation et la présence physique de ses troupes en Syrie, en profitant de la crise avec Daech, et éventuellement un élargissement futur de sa zone d'influence au Proche-Orient, est une épée de Damoclès destinée à contenir les actions des Occidentaux en Europe de l'Est.

Le jeu trouble de la Turquie

Succédant à l'Empire Ottoman, la Turquie était devenue depuis quasiment 100 ans l'exemple type de la réussite d'un état laïc et démocratique et terre d'Islam selon l'idéologie de Kemal Atatürk. Dix-septième PIB mondial, elle frappait à la porte de la Communauté Européenne qui toutefois restait évasive et n'était prête qu'à lui offrir un statut d'état associé.

Ses institutions étaient et sont toujours très corrompues.

Justes avant de quitter le grand groupe international de télécommunications où je travaillais pour prendre ma retraite, on me confia la mission d'aller négocier à Istambul les contrats de sous-traitance de certains équipements de l'infrastructure des futurs réseaux de télécommunications mobiles, j'étais assisté par mon successeur pour lui passer le relais. Les négociations furent longues et pénibles. Nous discutions pendant des heures sans discontinuer de 8 heures du matin à 2 ou 3 heures du matin le lendemain, avec pour seule interruption une demi-heure pour avaler un sandwich. Sept à huit entreprises turques faisaient la queue dans l'antichambre.

À force de persuasion, nous réussîmes après 48 heures de négociation à obtenir les accords que nous souhaitions et à signer l'ensemble des contrats, …, qui furent tous dénoncés au moment d'entrer en vigueur quelques semaines après mon départ.

Quelques mois plus tard, je fus appelé par un groupe turc à servir d'intermédiaire entre eux et un leader européen d'équipements d'énergie et de transport dont je connaissais bien les dirigeants et que j'avais fréquenté lorsque j'étais encore en activité et qui avaient accepté de me prendre comme consultant.

La ville d'Istambul, dont le maire était Recep Tayyip Erdoğan, cofondateur du Parti de la justice et du développement, l'AKP, souhaitait se doter d'un métro. Le patron de l'entreprise turque avec qui je discutais m'expliqua, geste à l'appui, qu'en Turquie « on pensait avec le cœur », ce disant, il faisait semblant, en frottant son pouce contre son index, de compter des billets.

L'industriel que je représentai refusa de travailler avec eux.

Depuis Recep Erdoğan, après avoir été Premier ministre avait été élu Président et avait instauré un régime dictatorial. Il est également contesté pour des soupçons de corruption pesant sur son entourage politique et personnel. Il ne parvient par ailleurs pas à régler la question kurde.

En 2014, il devient le premier président de la République élu au suffrage universel direct. La tentative de coup d'État contre lui, de 2016 renforce la position d'Erdoğan et conduit à des purges avec plus de 50 000 arrestations dont des députés de l'opposition et au licenciement de plus de 100 000 employés du secteur public. Il est réélu à l'issue de l'élection présidentielle anticipée de 2018 et inaugure un régime présidentiel.

Dictateur, mégalomane, corrompu et islamiste, Erdoğan et la Turquie souffrent de multiples frustrations, à savoir la perte de sa grandeur du temps de l'Empire Ottoman, la fin de non-recevoir de l'Europe à sa demande de rejoindre l'Union européenne et son incapacité à résoudre le problème Kurde, forte minorité dans le pays à tendance autonomiste sinon séparatiste.

Alors la Turquie joue un jeu trouble et équivoque au travers de prises de position contradictoires sur les conflits agitant actuellement le Proche-Orient :

- Allié des Russes et Iraniens contre Daech.
- Bien que membre de l'OTAN, adversaire des Kurdes soutenus par les Américains.
- Détestant le régime syrien de Bachar el Assad, soutient certains rebelles dit modérés, mais participe aux réunions tripartites Iran, Russie, Turquie pour maintenir au pouvoir le dictateur syrien.
- Négocie avec les Européens pour réguler les flots de réfugiés qui veulent rejoindre l'Europe.
- Ne rate pas une occasion de vilifier les Israéliens, mais conserve des relations diplomatiques chaotiques avec ces derniers.

Mais dans une série d'enquêtes du Figaro publiée le 28/09/2018 [38], dont je fais un résumé et la synthèse qui suit, en ce qui concerne la stratégie turque en Europe :

« Le nouvel empire ottoman est présenté comme une affirmation de l'islam face à un Occident décadent. Profitant du vide laissé par l'effacement du Qatar, surtout depuis le rapprochement américano-saoudien, la Turquie s'est engouffrée dans la brèche.

L'islam politique turc est parti à la conquête de la France. En 2017, ils ont pris la tête du Conseil français du culte musulman (CFCM), jusque-là piloté par des Maghrébins. Ils soutiennent financièrement et activement le Collectif contre l'islamophobie en France (CCIF), proche des Frères musulmans.

*Considéré comme une dépendance officieuse de l'AKP d'Erdoğan, **le Parti égalité et justice (PEJ)** s'adresse à la diaspora turque, mais aussi à tous les musulmans. Aux dernières législatives, il a présenté une soixantaine de candidats, dont des femmes voilées. Dans son manifeste, le petit parti, qui assume sa proximité idéologique avec le bras armé*

---

[38] Delphine Minoui, correspondante à Istanbul ; Isabelle Lasserre.

politique d'Erdoğan, appelle à la suppression des lois contre le port du voile et dénonce « l'islamophobie » ambiante. Il rejette la politique d'assimilation et voudrait faire du communautarisme sa priorité, tout en regrettant les habitudes jugées libertines de la société française.

Les réseaux turcs font, enfin, de l'entrisme dans les conseils municipaux, les partis politiques et les universités. Ils s'infiltrent dans les facultés, ciblent les étudiants dans le besoin, proposent aide aux devoirs et services à la personne dans les quartiers difficiles et organisent des séminaires sur les discriminations.

Les 250 mosquées contrôlées par la Turquie résonnent toujours de prêches hostiles et d'appels à la violence contre les opposants d'Erdoğan. La surveillance et le contrôle rapprochés de la diaspora, la mobilisation de l'électorat conservateur visent à s'assurer que les Turcs de France votent « bien » aux élections comme aux référendums.

Le pouvoir turc a aussi investi massivement la scène religieuse française, visant plus largement que son électorat. La moitié - 151-

des imams détachés, qui sont des fonctionnaires étrangers, sont turcs.

Enfin, Erdoğan met aujourd'hui ses réseaux européens au service de son rêve de reconstituer une diplomatie néo-ottomane et de reprendre le leadership du monde musulman, en déshérence. Souvent considérée comme le ventre mou de l'Europe, la France est une cible privilégiée de l'AKP d'Erdoğan, qui allie un nationalisme à un islam politique de moins en moins modéré. L'influence turque progresse d'autant plus vite dans les milieux franco-maghrébins que la diplomatie ottomane d'Erdoğan - son soutien au Hamas à Gaza, aux opposants syriens et aux Rohingyas de Birmanie- les caresse dans le sens du poil.

Dans les quartiers populaires, le président turc est considéré comme un homme fort, capable de tenir tête et de résister à la France et à ses alliés et qui en outre parle plus fort que l'Arabie Saoudite ou le Maroc.

Mais l'offensive, menée tous azimuts, touche aussi d'autres pays européens. L'Allemagne, bien sûr, qui compte la plus grande communauté turque[39] du monde à l'étranger et dont la chancelière a été traitée de « nazie »

---

[39] 3,5 millions de personnes.

par Erdoğan[40], la Belgique, où les islamistes turcs resserrent leur emprise sur la communauté musulmane, les Pays-Bas, où le gouvernement néerlandais a frôlé la crise diplomatique avec Ankara après avoir refoulé l'avion du ministre des Affaires étrangères turc et interdit un meeting électoral de l'AKP sur son sol en 2017.

La visibilité des futures actions turques est cependant limitée, c'est un pays industrialisé avec une bourgeoisie importante et puissante, une expérience notable de la démocratie et de la laïcité, avec une armée moderne et éclairée, on ne peut donc être totalement pessimiste sur les chances de rétablissement à plus ou moins long terme d'un régime parlementaire normal une fois Erdoğan mis sur la touche.

---

[40] Á Cologne, la Grande Mosquée dont la construction a duré 9 ans, a été inaugurée le 29/09/2018 par le Président Turc, elle abrite le siège du Ditib organisation musulmane qui contrôle quelques 900 lieux de culte en Allemagne et reçoit directement ses ordres de la Diyanet, l'office religieux du gouvernement et sert, entre autres à surveiller et poursuivre à l'étranger les adversaires du régime.

La France, L'Allemagne et le Royaume Uni … et la Chine

Après des décennies de croissance [41] et d'élargissement de la Communauté Européenne ces pays traversent de nombreuses crises dont l'afflux d'immigrés non-intégrables venant du Proche-Orient et d'Afrique.

Cette immigration, majoritairement musulmane, instrumentalisée par des associations intégristes télécommandées de l'étranger, où pour plus d'un tiers d'entre eux la charia reste la loi fondamentale et passe avant la loi républicaine laïque, ne cherche pas à s'intégrer, mais à recréer les conditions de vie qu'ils ont connues dans leur pays d'origine. En dépit du déni des gouvernements, cet état de fait entraîne une plus grande insécurité et incivilité, une qualité de service dégradée [42] , et avec pour conséquence, conjuguée à l'intégrisme islamique, une

---

[41] Les trente glorieuses qui ont suivi la fin de la seconde guerre mondiale.

[42] Beaucoup de nouveaux immigrés, les mieux intégrés, trouvent des emplois dans les administrations, les mairies et les banques.

remontée de l'extrême droite xénophobe, rejoint dans leur antisémitisme par l'extrême gauche, qui reprend à son compte les objectifs des Palestiniens.

Simultanément, la confusion entre antisionisme et antisémitisme que propage les réseaux musulmans et une certaine presse, souvent télécommandés de l'étranger, entraîne à une remonté des actes antijuifs et de l'insécurité dans laquelle se trouve cette communauté. Cette situation l'incite de plus en plus à quitter les quartiers traditionnels où elles habitaient et où la loi républicaine n'est plus appliquée et enfin, à l'extrême, à quitter le pays où ils sont nés et ont vécu jusqu'à présent pour « monter » en Israël où ils se sentent mieux protégés.

En France, 5e Produit Intérieur Brut mondial (ou 6e selon l'année et les sources utilisées), le Président Emmanuel Macron, ministre de l'Économie peu connu un an auparavant a été élu en mai 2017 grâce à un concours de circonstances tout à fait exceptionnel : le désamour des Français pour leurs représentants politiques considérés comme incompétents, populistes et/ou corrompus.

Promettant de bouleverser les habitudes sclérosées des Français, le poids des administrations, il fut le seul à présenter un projet de société crédible, ses adversaires étant soit mis en examens, soit prônant une politique outrancièrement incohérente et irréaliste.

Intelligent, partisan d'une communication au goût du jour, sachant se mettre en scène, il a cherché rapidement à mettre en place des réformes importantes, mais sans jamais aller jusqu'au bout de ses objectifs et en se contentant de demi-mesures[43], conscient de heurter un peuple allergique aux réformes, où être riche est mal vu, qui préfère les privilèges et les rentes de situation au mérite.

En fait, après deux présidents, Sarkozy et Hollande, qui, respectivement en 2012 et 2017, ont été incapables de se faire réélire, il sait que la conjoncture qui lui avait permis d'être élu

---

[43] Abandon de l'idée de suppression totale de l'ISF pour le remplacer par un impôt sur l'immobilier. Réduction des effectifs de l'administration, réforme des retraites, suppression du statut spécial des nouveaux engagés à la SNCF. La France reste néanmoins le pays de l'OCDE où la pression fiscale reste la plus élevée.

risque fort de ne pas se reproduire en 2022, alors son principal objectif est de ratisser large et d'élargir son électorat[44] : on peut rogner le pouvoir d'achat des retraités dont les possibilités de nuisance sont limitées, mais surtout ne pas s'attaquer violemment aux dérives islamistes qui évoluent souvent vers le terrorisme et des attentats, pour ne pas s'aliéner l'électorat musulman trop important : les responsables de crimes sont désignés sous les vocables soit de « loups solitaires » soit de « malades mentaux » non-responsables de leurs actes ; ces lâchetés et ces dénis auront

---

[44] Tous les gouvernements depuis 10 ans ont essayé d'encadrer et d'organiser le culte musulman et la formation des imans pour n'aboutir qu'à des échecs. Jean-Michel Blanquer, le Ministre de l'Éducation nationale, a expliqué, le 16/10/2018, devant un auditoire de 400 personnes, qu'il allait instituer dans le cadre de l'école publique, des classes d'enseignement de l'arabe. Il a bien précisé que cet enseignement serait dispensé par des professeurs laïcs, contrôlés par l'administration afin d'éviter tout débordement, et non par des imams islamistes venus de l'étranger, mais aussi, faisant preuve d'une naïveté incommensurable, que cela permettrait à « nos petits jeunes » de lire le Coran dans le texte original et donc d'avoir à son égard une vision critique plus libérale !

des conséquences lourdes et ternissent l'image du Président. Même si cela lui apporte les voix des musulmans, cette attitude lui aliénera les votes de nombreux Français lassés de ne plus être chez eux dans leur propre pays.

Son action, au niveau de la politique internationale, par manque de moyens militaires crédibles, consiste en des rencontres avec les Américains et les Russes pour tenter de les rallier à ses objectifs et se résume souvent à de la gesticulation, à des mises en scène de chaleureuses poignées de main avec les puissants tout autour du monde et à jouer les faire valoir sans portée et sans résultats concrets si ce n'est que de plaire à des dictateurs anti-américains. Le Président Macron se déplace beaucoup, quitte à négliger les problèmes intérieurs et à se désolidariser des alliés traditionnels, son action finit par apparaître comme une caricature de la fable du poète Jean de la Fontaine : « La grenouille qui veut se faire aussi grosse que le bœuf » et pose la question : « comment être important sur le plan international quand on est faible ? ».

Concernant le conflit Israélo-palestinien, la position pro-arabe des différents gouvernements français et la reprise, par Emmanuel Macron, des incantations rituelles[45] du Ministère français des Affaires Étrangères sur Jérusalem et sur la création d'un état palestinien indépendant, l'ont rendu peu crédible et le conduisent à l'impuissance d'un côté comme de l'autre.

En Grande-Bretagne, 6e PIB mondial (ou 5e en alternance avec la France selon l'année et les sources utilisées), dont la capitale, Londres est dirigé par un maire musulman, dit modéré, pays soumis régulièrement à des attentats terroristes commis par des Islamistes, dont le leader de l'opposition est un antisémite forcené, la Première Ministre, depuis juillet 2016, Matilda May, affaiblie par les rebuffades publiques des dirigeants européens envers ses propositions, épuise ses forces à gérer la sortie du Royaume-Uni du Marché Commun, le Brexit, qu'elle n'a sans doute pas souhaitée, et la voix de son pays est devenue inaudible dans le concert des grands conflits internationaux.

---

[45] Lointaine descendante de la « Politique arabe de la France ».

Enfin en Allemagne, Angela Merkel a été la première femme à être élue Chancelière Fédéral en 2005, à la tête du gouvernement depuis 13 ans, dans un pays, qui est la quatrième puissance économique mondiale, qui connait une croissance ininterrompue depuis la fin de la seconde guerre mondiale, mais aussi une diminution de la natalité et de sa population de souche. Elle paraît usée par des décennies de « bien-être » continu et des choix politiques hasardeux[46], conjugués à une politique migratoire libérale qui a conduit le pays à accepter durant ces dernières années plusieurs centaines de milliers de réfugiés, dont une majorité originaire du Proche et Moyen-Orient qui entraînent une montée de l'insécurité et de la violence[47], des sentiments xénophobes de la part des Allemands et le retour des partis néo-nazis, qui ne sont plus tabous.

---

[46] Après le semi échec de son parti lors d'une élection régionale, en Bavière, en octobre 2018, la Chancelière a annoncé qu'elle ne serait pas candidate à sa propre succession lors des prochaines élections nationales.

[47] Agression et viol en 2016, 2017 puis 2018 à Francfort, Cologne, en Rhénanie-du-Nord-Westphalie, et Fribourg-en-Brisgau, au Bade-Wurtemberg,

Par ailleurs, l'Union européenne, qui n'a pas réussi, en final à supplanter les états-nations[48], n'hésite pas à s'opposer aux décisions américaines qui concernent l'aide aux réfugiés palestiniens. En dépit de détournements importants de celle-ci au profit de dirigeants corrompus et de son utilisation pour rémunérer les familles des terroristes tués lors d'attentats, l'Union promet des fonds pour l'Unrwa.

Le 28/09/2018 le Figaro publie, après l'assemblée générale de l'ONU : « L'Union européenne va augmenter son aide à l'Unrwa. La cécité et la lâcheté de l'Union européenne dénoncées par Binyamin Netanyahou lors de son discours à l'ONU se confirment une nouvelle fois. Pour contrer la décision américaine de couper les vivres à l'Unrwa, la déléguée aux Affaires étrangères de l'UE, Fédérica Mogherini a annoncé que l'aide européenne à cette agence de l'ONU allait être significativement augmentée. [.../...]. Outre

---

[48] Comme dans les fusions d'entreprises celles-ci ne sont réussies que si les personnes qui les vivent sont plus fières de ce qu'elles sont devenues in fine que de ce qu'elles étaient avant ; ce n'est pas le cas pour l'Europe.

l'Union européenne en tant qu'institution, l'Allemagne et la Norvège ont fait savoir qu'elles allaient augmenter leur contribution annuelle à l'Unrwa. Le ministre allemand des Affaires étrangères, Heiko Maas a déclaré que son pays "s'est laissé convaincre que les activités de l'Unrwa sont cruciales et qu'il est important de la soutenir financièrement". (Parmi les activités de l'Unrwa : perpétuation du statut de réfugié de père en fils, enseignement de la haine d'Israël et des Juifs, négationnisme, glorification du terrorisme...). [.../..] . En clair, l'Union européenne [.../...] va continuer à soutenir activement une agence de l'ONU inutile, un gouffre financier et qui surtout forme de futures générations d'Arabes palestiniens à la haine et la violence. »

Enfin, presqu'en aparté, disons un mot sur les Chinois, peu présents au Moyen-Orient, ils préfèrent s'implanter en Afrique, ils entretiennent des relations économiques et scientifiques importantes avec Israël, des bonnes relations diplomatiques avec l'État Hébreux, ce qui ne les empêchent pas de les condamner à l'ONU et dans toutes les institutions internationales qui manifestent leur hostilité, Unesco, ONG, à ce pays. Pourquoi ? Il est difficile de comprendre cette attitude de la part d'un pays qui n´a rien à craindre de la situation locale si ce n'est à trouver une clé dans une réflexion de leur ministre de la Défense que j'interrogeais en 1982 au cours d'une mission avec une équipe de la Défense française. Je le questionnais sur la position anti-israélienne de la Chine et il me répondit : « Israël et un facteur de trouble et de déstabilisation au Proche-Orient, tout facteur de trouble dans cette région permet à l'Union Soviétique de s'y implanter et de s'y renforcer ; nous sommes opposés à l'Union Soviétique donc nous sommes opposés à Israël ». Une logique chinoise implacable et surprenante dont les séquelles restent peut-être toujours valables !

En résumé, bien que la loi française interdise l'expression du racisme, de l'antisémitisme et la négation des crimes contre l'humanité, et que dans la plupart des autres pays occidentaux ces attitudes soient considérées comme des crimes, les gouvernements n'arrivent pas à forcer les géants du Net à mieux contrôler « la haine en ligne » et surtout l'évolution démographique et l'incapacité des Européens à récupérer « les territoires perdus de la République » selon l'expression consacrée (même si dans certains pays comme la Suède, le Danemark ou le Royaume-Uni … ce sont des royaumes !), l'impression « que ça va mal et surtout qu'il n'y a pas de raison pour que ça aille mieux dans le futur » interpelle et incite certaines communautés qui se sentent en danger à quitter le pays avant qu'il ne soit trop tard.

ANNEXE 1

Les puissances économiques

1- PIB par pays selon le Journal Du Net en 2018.

2- Données du Fond Monétaire International, 2017. Les prévisions de croissance de l'OCDE

Nota : il faut traiter ces chiffres avec prudence car ils varient avec les sources et surtout le moment de l'année auquel ils ont été réactualisés

3- Les dépenses militaires par pays.

PIB par pays selon le Journal Du Net et prévision de croissance selon l'OCDE pour **2019**			
Rang	Pays	**PIB 2018**	Évolution
1	Etats-Unis	20 200 mds $	+2,78%
2	Chine	13 119 mds $	+6,44%
3	Japon	5 063 mds $	+1,21%
4	Allemagne	3 935 mds $	+2,13%
5	France	2 766 mds $	+1,92%
6	Royaume-Uni	2 661 mds $	+1,31%
7	Inde	2 654 mds $	+7,54%
8	Brésil	2 200 mds $	+2,60%
9	Italie	2 049 mds $	+1,13%

10	Canada	1 763 mds $	+2,24%
11	Corée du Sud	1 597 mds $	+3,05%
12	Russie	1 523 mds $	+1,55%
13	Australie	1 482 mds $	+3,04%
14	Espagne	1 420 mds $	+2,36%
15	Mexique	1 250 mds $	+2,83%
16	Indonésie	1 092 mds $	+5,35%
17	Turquie	906 mds $	+4,99%
18	Pays-Bas	891 mds $	+2,95%
19	Suisse	709 mds $	+1,94%
20	Arabie Saoudite	708 mds $	+2,10%
21	Argentine	639 mds $	+2,59 %

22	Suède	595 mds $	+10%
23	Taïwan	588 mds $	+3,02%
24	Pologne	571 mds $	+4,60%
25	Belgique	529 mds $	+1,74%
26	Thaïlande	467 mds $	+3,80%
27	Nigeria	461 mds $	+2,20%
28	Autriche	442 mds $	+2,00%
29	Norvège	406 mds $	+1,60%
30	Emirats arabes unis	401 mds $	+1,60%
.....			
32	Israël	358 mds $	+3,55%

2-Données du Fond Monétaire International, 2017

Rang	Pays ou territoire	PIB (en milliards de $)
1	États-Unis	19 390,60
-	Union européenne	17 308,86
2	Chine	12 014,61
3	Japon	4 872,14
4	Allemagne	3 684,82
5	Royaume-Uni	2 624,53
6	Inde	2 611,01
7	France	2 583,56
8	Brésil	2 054,97
9	Italie	1 937,89
10	Canada	1 652,41
11	Corée du Sud	1 538,03
12	Russie	1 527,47
13	Australie	1 379,55
14	Espagne	1 313,95
15	Mexique	1 149,24
16	Indonésie	1 015,41
17	Turquie	849,48
18	Pays-Bas	825,75
19	Arabie saoudite	683,83
20	Suisse	678,58
21	Argentine	637,72
22	Taïwan	579,30
23	Suède	538,58
24	Pologne	524,89

25	Belgique	494,73
26	Thaïlande	455,38
27	Iran	431,92
28	Autriche	416,85
29	Norvège	396,46
30	Émirats arabes unis	377,44
31	Nigeria	376,28
32	**Israël**	350,61
33	Afrique du Sud	349,30
34	Hong Kong	341,66
35	Irlande	333,99
36	Danemark	324,48
37	Singapour	323,90
38	Malaisie	314,50
39	Philippines	313,42
40	Colombie	309,20
41	Pakistan	303,99
42	Chili	277,04
43	Bangladesh	261,37
44	Finlande	253,24
45	Égypte	237,07
46	Viêt Nam	220,41
47	Portugal	218,06
48	Pérou	215,22
49	é. tchèque	213,19
50	Roumanie	211,32
51	Venezuela	210,09
52	Nouvelle-Zélande	201,49
53	Grèce	200,69
54	Irak	197,70

55	Algérie	178,29
56	Qatar	166,33
57	Kazakhstan	160,84
58	Hongrie	152,28
59	Angola	124,21
60	Koweït	120,35
61	Maroc	109,82
62	Ukraine	109,32
63	Équateur	102,31
64	Porto Rico	98,81
65	Slovaquie	95,94
66	Sri Lanka	87,59
67	Éthiopie	80,87
68	Kenya	79,51
69	Guatemala	75,66
70	Rép. dominicaine	75,02
71	Oman	74,27
72	Birmanie	66,54
73	Luxembourg	62,39
74	Panama	61,84
75	Syrie	60,04 (2010)
76	Uruguay	58,42
77	Soudan	58,24
78	Costa Rica	58,06
79	Bulgarie	56,94
80	Croatie	54,52
81	Biélorussie	54,44
82	Tanzanie	51,73
83	Liban	51,46
84	Macao	49,80

85	Slovénie	48,87
86	Ouzbékistan	47,88
87	Lituanie	47,26
88	Ghana	47,03
89	Serbie	41,47
90	Rép. dém. du Congo	41,44
91	Azerbaïdjan	40,67
92	Jordanie	40,49
93	Côte d'Ivoire	40,36
94	Tunisie	40,28
95	Turkménistan	37,93
96	Bolivia	37,12
97	Bahrein	34,90
98	Cameroun	34,01
99	Libya	31,33
100	Lettonie	30,32

3-Dépenses militaires par pays.

Rang mondial	Forces armées	Dépenses militaires[8]	% du PIB	Date
7	Arabie saoudite	46 219	10,1 %	2012
15	Turquie	23 000	2,4 %	2013
18	Émirats arabes unis	16 062	6,9 %	2012
17	Israël	15 209	6,5 %	2012
24	Iran	7 463[9]	1,8 %[9]	2012
35	Irak	4 663	5,4 %	2012
39	Koweït	4 700	4,4 %	2012
40	Oman	4 047	9,7 %	2012
41	Egypte	3 719	2,1 %	2012
53	Syrie	2 236	4,0 %	2012
61	Jordanie	1 400	6,1 %	2012
67	Yémen	1 222[9]	3,9 %[9]	2012
73	Liban	875	4,1 %	2012
75	Bahreïn	731	3,7 %	2012
79	Chypre	550	1,8 %	2012

ANNEXE 2

Les forces militaires en présence au Moyen-Orient[49]

Armée égyptienne

---

[49] Résumé d'un article paru le 4 juin 2013 dans TribuneJuive.Info, le 4 juin 2013 : les forces militaires en présence au Moyen-Orient. Le regard de Jacques Benillouche. Journaliste indépendant en Israël.

Bien qu'elle ait perdu, depuis 1973, son rang de première armée du monde arabe, les effectifs égyptiens s'élèvent à 468.500 actifs et 479.000 réservistes. La force aérienne compte 461 avions de combat. La marine dispose de 4 sous-marins et de 10 navires de guerre. L'armée de terre compte 3.723 tanks et plus de 2.150 missiles. Depuis les accords de Camp David, les Américains accordent à l'armée égyptienne 1,3 milliards de dollars par an en aide militaire et à l'Égypte 250 millions d'aides économiques.

Armées du Golfe

Un Conseil de Coopération du Golfe assume leur protection, mais leur armée dispose de capacités limitées. Dès 1984, l'Arabie Saoudite a pris le leadership du Golfe, en hébergeant le « Bouclier de la péninsule » chargé de résister à toute agression contre l'Arabie Saoudite, le Bahreïn, les Émirats unis, le Koweït, Oman et le Qatar.

Sous leur commandement en chef, cette force commune des monarchies arabes du Golfe, compte environ 40 000 soldats équipés par les forces américaines et une base permanente était en projet aux Emirats. Elle peut aligner en permanence des hommes de troupe dans le domaine de l'infanterie, des blindés et de l'artillerie. Mais l'antagonisme entre l'Arabie et le Qatar a scindé l'union en deux clans aux moyens disparates. Les salafistes de l'Arabie, des Émirats, et du Koweït s'opposent aux Frères musulmans du Qatar, du Bahreïn et d'Oman qui disposent de moyens militaires modestes.

Malgré leur richesse pétrolière, ces pays investissent peu en matériel militaire : 660 milliards de dollars de 2002 à 2012. L'Arabie saoudite sort du lot avec des dépenses représentant 40% du budget militaire du pays et des projets d'achat d'équipements sophistiqués à la France.

Golfe. Armée du Qatar

Le Qatar cherche à s'imposer en Égypte et à Gaza et veut être partie prenante en Syrie. Il consacre 8% de son budget pour l'équipement militaire de 12.000 soldats, en revanche, les Émirats disposent d'une armée puissante de

50.000 hommes bien équipés grâce à un budget militaire qui est le troisième après celui de l'Arabie et de la Turquie. Ils sont en négociation pour l'achat de Rafale à la France.

Armée turque

L'armée turque, héritière de l'Empire Ottoman, aligne 800 000 hommes, elle représente la sixième armée du monde au niveau des effectifs et la deuxième de l'OTAN après l'armée américaine, elle dispose du 15e budget le plus important du monde. Depuis son adhésion en 1951, l'OTAN lui a confié, dans le dispositif occidental, la mission de défendre les détroits, l'Anatolie et le Proche-Orient. Équipée par les occidentaux et Israël, elle a acquis une expérience sur le terrain dans sa lutte contre les Kurdes, mais par crainte d'un coup d'État, une partie de l'armée a été décapitée par le nouveau régime islamiste.

Ses forces navales sont les plus puissantes de la Méditerranée orientale. Israël intervenait beaucoup dans son équipement militaire. Le blocage par ces derniers, suites aux difficultés relationnelles avec le Gouvernement islamiste *d'Erdoğan, de la fourniture de certains armements sensibles, les drones en particulier, a convaincu les Turcs d'avoir leurs propres usines de production de chasseurs F-16 sous licence, de fusils d'assaut allemands HK33, de véhicules militaires britanniques, de canons suisses, et même du matériel israélien.*

Armée iranienne

L'armée iranienne est la plus puissante de la région du Moyen-Orient, Turquie exclue. Depuis la révolution islamiste, elle a été scindée en deux parties distinctes indépendantes. L'armée régulière qui compte 600 000 hommes et les pasdarans ou Gardiens de la révolution, corps d'élite créé après la révolution de 1979, qui représentent 120.000 hommes, plus puissants et mieux équipés que l'armée régulière.

Les pasdarans, intégristes, boucliers du régime, sont intégrés dans quatre corps constitués de quatre divisions blindées et de six divisions d'infanterie. Ils agissent dans le cadre de la marine, de l'armée de l'air et de l'infanterie. Les Gardiens de la Révolution sont placés sous leur propre commandement qui dépend directement du Guide Suprême.

Équipés du temps du Shah par les occidentaux, les Iraniens se sont tournés après la Révolution vers la Russie, la Chine, la Corée du Nord et la Pologne, mais en sous-mains, ils ont pendant quelques années utilisé leurs réseaux anciens établis avec les Israéliens pour les achats d'armement. L'armée, depuis 1998, est dotée d'un budget en constante augmentation s'élevant à 12 milliards de dollars. Les iraniens disposent à présent de systèmes de télécommunications avancés capables de détecter des chasseurs à basse altitude à plus de 700 km des frontières et des brouilleurs de satellites GPS qui peuvent s'opposer à une frappe militaire étrangère.

Leur nombre de missiles à longue portée, 2 000 km, est évalué à 2 000, mais il n'y a aucune certitude sur leurs capacités militaires réelles. L'inconnu reste l'état d'avancement du programme nucléaire militaire en dépit des contrôles imposés par le JCPOA signé en 2015, mais que le Président Trump vient de refuser de ratifier. L'embargo international a forcé l'Iran à développer une industrie locale dont les réalisations sont sujettes à caution.

Récemment, l'Iran a dévoilé ses drones indétectables « Épopée, le Hazem-3 et le Mohajer-B », capables d'effectuer des vols sur de longues distances, d'évoluer à haute altitude et de frapper les cibles ennemies ; pour l'instant, les Iraniens n'ont pas de missiles à combustible solide stockables dans des abris souterrains, donc protégés contre une frappe étrangère, mais le JCPOA excluait les missiles et ils peuvent donc en continuer le développement.

Armée israélienne

Les capacités précises de l'armée israélienne sont entourées par un secret absolu. Mais il ne fait aucun doute qu'elle est la mieux équipée de la région grâce au soutien des États-Unis qui, à la suite d'un traité officiel, permettent à Israël l'accès à toutes les données ultra secrètes de la technologie militaire américaine.
L'aide militaire annuelle des États-Unis s'élève à 3 milliards de dollars, mais qui doivent être intégralement réinvestis dans des projets américains. L'armée de l'air, la plus puissante de la région, aligne 370 chasseurs modernes F-15 et F-16. Mais l'originalité de l'armée de

l'air réside dans l'utilisation intensive de drones de fabrication israélienne ainsi que dans les missiles antimissiles qui ont fait leurs preuves dans un système défensif appelé « Dôme de fer ».

Les Israéliens ont développé des réseaux et systèmes à haute valeur ajoutée qui permettent à leurs troupes de réagir en temps réel. Les généraux « plasmas », appelés ainsi parce qu'ils dirigent les opérations du front avec leurs ordinateurs depuis les bases du quartier général et étaient capables d'évaluer immédiatement l'impact des actions de leurs troupes sur le terrain.

L'armement nucléaire israélien reste toujours un secret couvert par la censure militaire, mais les experts internationaux s'accordent à évaluer le nombre de bombes nucléaires opérationnelles dont ils disposent à 200. Simultanément, grâce à son système de défense anti-missiles Israël a pu réduire les dégâts durant la dernière guerre de Gaza et les attaques incessantes à la frontière depuis le déménagement de l'Ambassade Américaine à Jérusalem au printemps 2018.

Le budget de l'armée israélienne se situe au 4e rang dans la région du Proche-Orient, derrière l'Arabie Saoudite, la Turquie et les Émirats arabes unis.

 Israël et l'Iran s'affrontent dans une guerre de communiqués et par services secrets interposés. Israël semble prêt à faire cavalier seul. « L'Etat d'Israël doit se défendre lui-même » déclare son chef d'état-major.

Israël, a-t-il vraiment les capacités militaires et tactiques pour intervenir seul dans une attaque préemptive contre les sites de développement et de production des systèmes d'armes nucléaires ?

Selon le scénario privilégié, Israël frapperait les quatre sites nucléaires les plus importants : ceux de Natanz, Fordo, Arak et Ispahan ; une telle opération nécessiterait que les pilotes traversent plus de 1 500 km d'un espace aérien hostile, soient ravitaillés en vol, qu'ils repoussent les défenses aériennes iraniennes et attaquent simultanément plusieurs sites souterrains, ce qui les obligerait à utiliser au moins une centaine d'avions.

Le premier problème qui se poserait aux Israéliens serait d'atteindre l'espace aérien iranien. Trois routes sont possibles : un survol de la Turquie par le nord, la route du sud qui passe par l'Arabie Saoudite et le chemin le plus court qui passe par la Jordanie et l'Irak. Cette dernière option serait la plus probable, car l'Irak n'a plus de défense anti-aérienne.

Dans tous les cas, Israël devrait donc utiliser des avions de ravitaillement. Selon un expert de l'organisation IHS Jane's, Israël dispose de huit avions-citernes de fabrique américaine KC-707, en addition Israël pourrait avoir transformé certains avions en ravitailleurs pour l'opération. On rapporte qu'au cours des dernières années, les Israéliens ont transformé tous les avions de ligne de type Boeing 707 en avions-citernes. Selon diverses sources, Tsahal dispose de huit ou neuf ravitailleurs de ce type. Mais leurs capacités sont limitées, ce qui aura pour conséquence de limiter le nombre d'avions qui pourraient intervenir en même temps. De plus, Israël doit disposer d'une flotte conséquente.

Chaque avion-ravitailleur devrait être protégé par des avions de combat. Les experts américains tablent sur la mobilisation d'une flottille d'une centaine d'avions.

L'opération devra également cibler les centres de recherche, les usines et bases de missiles de longue portée, ainsi que les batteries de missiles anti-aériens et radars.

La défense anti-aérienne iranienne avait une génération de retard, la Russie ayant refusé en 2010 de vendre à l'Iran son système avancé de missiles S-300, mais en août 2016 l'agence de presse iranienne Fars a rapporté que l'Iran avait installé des missiles anti-aériens fournis par les Russes sur ses installations nucléaires.

Le dernier problème inhérent à une opération militaire contre l'Iran tient aux munitions nécessaires pour pénétrer au cœur de la centrale de Natanz, qui serait enterrée sous une chape de dix mètres de béton armé, et du site de Fordo, construit dans une montagne. Si Israël n'utilise pas de système nucléaire pour ce faire, il devra recourir alors à des bombes anti-bunker de 2 250 kilos de type GBU-28 qui seules peuvent détruire de telles cibles.

"Une telle opération devrait selon toute vraisemblance être couplée à des attaques préventives contre les lanceurs de missiles iraniens au Liban, à Gaza et peut-être en Syrie ; elle mobiliserait au maximum les capacités de l'armée israélienne", admet Haaretz. Mais elle demeure dans les capacités d'Israël".

Bibliographie

« *Armement et Désordre Mondial* », la Documentation Française, Paris, 2006, pp. 352.

Ancel Frédéric, *Géopolitique du sionisme-Stratégies d'Israël*, Éditions Armand Colin, Paris, septembre 2006, pp. 319·

Ancel Frédéric, *Géopolitique du Printemps arabe*, PUF, Paris, Octobre 2014, pp 243.

Huntington Samuel P., *Le choc des civilisations*, Éditions Odile Jacob, traduction française, Paris, novembre 1997, pp. 402.

Kagan Robert, *Power and Weakness*, POLICY REVIEW No. 113 June/July (2002),

http://www.policyreview.org/JUN02/kagan.html

Mao Tsé-Toung, *La Guerre révolutionnaire*, Éditions sociales, le Monde en 10/18, Paris, 1962, pp. 185. NTIC : Nouvelles Technologies de l'Information et des Communications.

Todd Emmanuel, *La troisième planète*, Éditions du Seuil, Paris, janvier 1983, pp. 252.

Tables des Matières

© 2018, Lionson, James A.
Edition : Books on Demand,
12/14 rond-Point des Champs-Elysées, 75008 Paris
Impression : BoD - Books on Demand, Norderstedt, Allemagne
ISBN : 9782322090846
Dépôt légal : décembre 2018

FSC
www.fsc.org
MIXTE
Papier issu
de sources
responsables
Paper from
responsible sources
FSC® C105338